AF568386

Martin Schönleben

DIE BESTEN WEIHNACHTSPLÄTZCHEN

Insel Verlag

Insel-Bücherei Nr. 2051

DIE BESTEN WEIHNACHTSPLÄTZCHEN

MEINE PASSION – PLÄTZCHEN

Ich möchte hier mal die These aufstellen, dass wir nicht nur Brotweltmeister sind, sondern auch Plätzchenweltmeister. Denn ich bin der festen Überzeugung, dass nirgendwo auf der Welt so viele verschiedene Plätzchen und Kekse gebacken werden wie bei uns. Das ist nur noch niemandem aufgefallen. Wahrscheinlich deshalb, weil die hohe Kunst des Plätzchenbackens fest in Frauenhand ist.

Dieses Buch soll allen Mut machen, wieder mehr Kekse zu backen, denn hier kann jeder sein neues Lieblingsplätzchen finden. Zwar sind meine Rezepte eher für den Hausgebrauch geschrieben, aber auch der Profi kann hier vieles entdecken. Auch ich probiere gern neue Geschmacksvariationen aus, schaue mir an, was in anderen Ländern gebacken wird, welche Gewürze genau diesem Keks den letzten Kick geben. Nichts backe ich so gerne wie diese kleinen Kunstwerke. Soll ich euch noch ein kleines Geheimnis verraten? Ich backe Plätzchen das ganze Jahr über, nicht nur an Weihnachten. Es wird Zeit für einen Wandel.

Ich bin ein großer Plätzchen-Fan. Je mehr ich merkte, was für ein wunderbares Betätigungsfeld ich hier vor mir hatte, desto größer wurde meine Leidenschaft für Kekse aller Art. Ich liebe diese kleinen süßen Miniküchelchen. Nirgendwo sonst kann man so kreativ und innovativ sein wie beim Plätzchenbacken.

Fast jeder hat eine Erinnerung an seine Lieblingsplätzchen, die mit der Oma oder der Mama gebacken wurden, meistens an Weihnachten. Oftmals werden die Lieblingsrezepte in der Familie von Generation zu Generation weitergegeben. Denn nichts schmeckt so gut wie Omas Kekse. Ich hoffe, Sie finden in meinem Buch ein paar Rezepte, die Sie begeistern und die zu Ihren neuen

Familienrezepten werden und dann genauso von Generation zu Generation weitergegeben werden.

Viel Spaß beim Nachbacken wünscht
Martin Schönleben

HEIMAT

Daheim ist da, wo man herkommt. Als moderner Mensch will man das gerne verleugnen und gibt sich lieber kosmopolitisch. In der Konditorei gilt man als provinziell, wenn man sich mit den alten traditionellen Rezepten auseinandersetzt. Will man sich jedoch als Spitzenkonditor ausgeben, dann ist man immer auf der Suche nach dem französischen Namen für das entsprechende Gebäck. Mit einem französischen Ausdruck zeigt man sofort, wohin man will, nämlich nach oben, und zwar ganz nach oben. Man sagt Sablé statt Butterplätzchen, Tuiles statt Dachziegel oder Rochers à la noix de coco statt Kokosmakronen.

In diesem Kapitel begeben wir uns jedoch auf eine Reise durch die Provinz. Wir suchen die Plätzchentradition in Deutschland. Kann es sein, dass wir nicht nur Brotweltmeister sind, sondern auch noch Plätzchenrekordhalter? Nirgendwo werden mehr Sorten gebacken wie in Deutschland. Deshalb backen wir hier Mannemer Dreck, Helgoländer, Schmoltnöt, Frankfurter Bethmännchen, Hamburger Eisschollen und vieles mehr. Wir bleiben halt einfach mal dahäm, dahoim, dahoita, daheeme, tau Huus, doheim, tuus, dehaam, dahaam, dahämm, deehom, dehäm, dahamm, dahom, derham, dorheeme, dahoam, dehoam, dehääm, zuhus, heeme und backen unsere Lieblingsplätzchen aus allen Regionen. Da gibt es nämlich Erstaunliches zu entdecken.

Mannemer Dreck aus Baden Württemberg

Welcher Konditor oder Bäcker würde heutzutage sein Gebäck Dreck nennen? Man ist da inzwischen eher übersensibel und möchte niemanden verletzen. Der Namensgeber vom Mannemer Dreck wollte aber genau das, er wollte provozieren. Denn im Jahre 1822 oder 1838 erließ der Stadtamtsvorstand Herr von Jagemann einen Erlass, der »jedermann mit zwei Reichstalern Strafe belegte, der den im Hause gesammelten Kot mit Kehricht auf die Straße brachte«. Ein Bäcker namens Friedrich Bechter hat sich über diese Verordnung anscheinend ziemlich geärgert und aus Protest dann einfach »Mannemer Dreck« gebacken. Aber es hat über zwanzig Jahre gedauert, bis das Gebäck entstand: Er nannte es Dreckhaufen und vermerkte die Jahreszahl 1862 unter seinem Rezept. Es könnte natürlich auch sein, dass er sein Rezept erst 1862 aufgeschrieben hat. Aber was jetzt nachweisbar wahr ist, ist, dass Joy Flemming ein Lied über den »Mannemer Dreck« gesungen hat. Und welches Gebäck kann das schon von sich behaupten, dass eine bekannte Sängerin oder ein Sänger über es ein Lied trällert? Mir fällt jetzt jedenfalls keines ein. Aber wie allen politisch unkorrekten Namen wollten die Behörden 1984 auch dem Mannemer Dreck ans Leder. Sie stellten fest, dass Dreck nicht in der Lebensmittel-Artikelliste eingetragen ist, und somit müsse der Name verboten werden. Allerdings wehrten sich die Mannheimer Konditoren erfolgreich. Deshalb backen sie bis heute »Mannemer Dreck«.

Zutaten für 45 Stück

150 g Eiweiß (5 Stück)
100 g Zucker
2 EL Honig
200 g Marzipanrohmasse

180 g fein gemahlene Haselnüsse
40 g Zitronat
40 g Orangeat
1 TL abgeriebene Zitronenschale
12 g Lebkuchengewürzmischung
30 g Weizenmehl
10 g Kakaopulver
4 g Backpulver
45 Backoblaten (Durchmesser 5 cm)
Zartbitterkuvertüre zum Überziehen

Zuerst schlage ich Eiweiß und Zucker gut schaumig. Dann rühre ich das Marzipan bröckchenweise unter. Als Nächstes rühre ich Haselnüsse, Zitronat, Orangeat, Zitronenschale, Lebkuchengewürz unter. Zum Schluss rühre ich das mit dem Backpulver und Kakaopulver versiebte Mehl hinein. Damit die Masse schön gleichmäßig glatt ist, rühre ich mit einem Teigspachtel noch einmal gut um. Jetzt gebe ich die Masse in einen Spritzbeutel mit einer 10 mm großen Lochtülle und spritze einen schönen Tupfen auf jede Backoblate. Nun müssen meine kleinen Dreckbären über Nacht antrocknen. Am nächsten Tag backe ich sie 10 Minuten im vorgeheizten Ofen bei 165° C (Umluft). Wenn sie ausgekühlt sind, überziehe ich sie noch mit temperierter Zartbitterkuvertüre.

Heidesand: Tradition aus der Lüneburger Heide

Der Name dieses mürb-zarten Plätzchens soll den trocknen sandigen Heideboden widerspiegeln. Jedoch ist ein feines Heidesandplätzchen alles andere als trocken. Es sollte zart auf der Zunge zergehen. Ich liebe solche Plätzchen, die einfach nur gut sind, ohne viel Brimborium.

Zutaten für 80 Stück

220 g Butter
100 g Zucker
65 g Marzipanrohmasse
2 g Vanillezucker
2 g abgeriebene Zitronenschale
275 g Weizenmehl (Type 550)

Zuerst wärme ich die Butter ein wenig an. Sie sollte weich sein, aber auf keinen Fall flüssig. Dann rühre ich sie zusammen mit Marzipan, Vanillezucker und Zitronenschale cremig. Zuletzt hebe ich das Mehl unter. Wenn der Teig zu weich ist, um sich formen zu lassen, dann muss ich ihn erst einmal für ein bis zwei Stunden kalt stellen. Aus dem Teig forme ich zwei gleich schwere, etwa 34 cm lange Rollen, die ich im Kristallzucker wälze. Meine fertigen

Rollen müssen jetzt eine weitere Stunde ins Tiefkühlfach. Dann hole ich sie heraus und schneide sie in ½ cm dicke Scheibchen. Die Heidesand-Scheibchen lege ich auf ein mit Backpapier ausgelegtes Backblech. Nun müssen die kleinen Lüneburger für 10-12 Minuten in den vorgeheizten Ofen. Bei ca. 180° C (Umluft) müssen sie so lange ausharren, bis sie schön goldgelb sind.

Saulheimer Monde aus Rheinland-Pfalz

Saftige Marzipanmonde aus Saulheim. Die kleine Gemeinde in der Nähe von Mainz hat drei weiße Halbmonde auf rotem Grund in ihrem Wappen. Deshalb backen wir natürlich saftige weiße Monde an Weihnachten.

Zutaten für 60 Stück

60 g Eiweiß (2 Stück)
200 g Zucker
120 g Marzipan
280 g fein geriebene Mandeln
12 g Zitronensaft
10 g abgeriebene Zitronenschale
eine Prise Salz

Glasur:

30 g Eiweiß
150 g Puderzucker

Zuerst schlage ich das Eiweiß mit dem Zucker zu einem festen Eischnee. Hier rühre ich bröckchenweise das Marzipan unter. Anschließend die restlichen Zutaten. Jetzt mache ich meine Eiweißglasur. Hierfür schlage ich das Eiweiß mit etwa 60 g Puderzucker zu einem festen Eischnee. Dann schlage ich nach und nach den restlichen Puderzucker unter. Anschließend rolle ich meinen Mandelteig 1 cm dick aus. Damit er nicht anklebt, bestäube ich ihn oben und unten mit Puderzucker. Diesen Teig lege ich auf ein Stück Backpapier. Anschließend verteile ich die Eiweißglasur auf meinem Mandelteig und streiche ihn mit einer Winkelpalette schön glatt. Nun geht es ans Ausstechen. Ich nehme einen runden Ausstecher (Durchmesser 4,5 cm) und steche damit kleine Halbmonde aus. Damit die Monde nicht kleben bleiben, tauche ich meinen Ausstecher immer wieder in etwas Alkohol (z. B. Obstbrand) ein. Alle Plätzchen lege ich auf ein Blech, das ich zuvor mit Backpapier ausgelegt habe. Nun müssen die Saulheimer Monde nur noch bei 160° C (Umluft) 6-7 Minuten in den vorgeheizten Ofen. Sobald sie am Rand etwas Farbe bekommen, sind sie auch schon fertig. Schnell aus dem Ofen geholt, damit sie schön saftig bleiben.

Tipp: Die Reste vom Ausstechen mit etwas geriebenen Mandeln verkneten und dann kleine runde Plätzchen formen. Genauso backen wie die Monde.

Schmoltnöt: Schmalznüsse aus Schleswig-Holstein

Die Schmalznüsse sind mürbe, schmalzig-buttrige Plätzchen, die auf der Zunge zergehen, einfach ein Gaumenschmaus. Auf alle Fälle sind die kleinen Nüsschen so schön mürb, dass sie sehr leicht zerbrechen. Man muss also sehr zärtlich und behutsam mit ihnen umgehen.

Zutaten für 50 Schwarze und 50 Weiße

125 g Butter
200 g Butterschmalz
200 g Zucker
400 g Weizenmehl
4 g Vanillezucker
1 Prise Salz
2 gestrichene EL Kakaopulver (10 g)

Zuerst verknete ich die zimmerwarme Butter mit Butterschmalz, Zucker, Vanillezucker und Salz. Anschließend knete ich die restlichen Zutaten außer Kakao unter. Dann teile ich den Teig in zwei gleiche Hälften. In die eine Hälfte knete ich das Kakaopulver, die andere Hälfte bleibt, wie sie ist. Nun forme ich kleine Kugeln von ca. 9 g. Alle Kugeln lege ich auf ein mit Backpapier ausgelegtes Blech. Jedes Plätzchen drücke ich mit dem Finger in der Mitte ein. Dann backe ich die kleinen Schmalznüsse im vorgeheizten Ofen bei 175° C in 8-14 Minuten goldgelb.

Tipp: Damit man nicht alle Kugeln einzeln abwiegen muss, kann man je 90 g schwere Stücke abwiegen; diese formt man dann zu einer 30 cm langen, gleichmäßig dicken Schlange und schneidet je 3 cm große Stücke ab. Voilà! Schon hat man sich das mühsame Abwiegen gespart und trotzdem gleichmäßig große Stücke.

Friesische Schmalz-Pfeffernüsse

Als Frieslande werden im Wesentlichen die drei Frieslanden bezeichnet: Nordfriesland, Ostfriesland und die niederländische Provinz Friesland. Somit erstreckt sich das friesische Siedlungsgebiet von den Niederlanden über Niedersachsen bis nach Schleswig-Holstein. Zwar haben die Friesen kein eigenes Bundesland bekommen, aber es war mir doch wichtig, dass sie hier durch ein eigenes Plätzchen vertreten sind.

Zutaten für 45 Stück

150 g Zucker
100 g Butterschmalz
200 g Weizenmehl (Type 550)
2 g Backpulver
4 g Lebkuchengewürz

Zuerst verknete ich Zucker, Butterschmalz und Gewürze miteinander. Dann siebe ich Mehl und Backpulver darüber und knete es unter. Aus dem Teig forme ich 10 g schwere kleine Kügelchen und lege sie auf ein mit Backpapier ausgelegtes Blech. In der Mitte drücke ich sie noch leicht ein. Anschließend werden sie im vorgeheizten Ofen bei 180° C in 8-14 Minuten goldbraun gebacken.

Tipp: Damit ich nicht alle Plätzchen einzeln abwiegen muss, wiege ich jeweils 100 g ab, forme 30 cm lange Schlangen und schneide die Schlangen in 3 cm lange Stücke. So bekomme ich schöne gleich große Plätzchen.

Sächsische Schokoplätzchen

Es ist gar nicht so leicht, besondere Rezepte aus Thüringen, Sachsen, Mecklenburg-Vorpommern oder Sachsen-Anhalt zu finden. Aber es gibt sie! Hier sind schon einmal die sächsischen Schokoplätzchen:

Zutaten für 150 Stück

150 g Eiweiß (5 Stück)
300 g Zucker
1 g Salz

300 g geriebene Mandeln
200 g fein gehackte Kuvertüre
6 g Vanille
5 g abgeriebene Orangenschale
Belegkirschen oder getrocknete Sauerkirschen

Zuerst schlage ich Eiweiß, Salz und die Hälfte des Zuckers schaumig. Den restlichen Zucker gebe ich nach und nach zu. Wenn das Eiweiß zu einem festen Eischnee geschlagen ist, hebe ich vorsichtig Mandeln, Kuvertüre, Vanille und Orangenschale unter. Die Masse fülle ich in einen Spritzbeutel mit einer Lochtülle und spritze Tupfen auf ein mit Backpapier ausgelegtes Blech. Jedes Plätzchen verziere ich noch mit einer Kirsche. Anschließend backe ich meine Schokoplätzchen im vorgeheizten Ofen bei ca. 175° C 8-12 Minuten. Die Plätzchen sind fertig, wenn ich sie vorsichtig vom Backpapier heben kann.

Königsberger Marzipan

Königsberger Marzipan ist ein Klassiker der Konditorei. Im Prinzip sind das kleine Marzipanplätzchen, die zuerst abgeflämmt und dann mit Nougat oder Fondant gefüllt werden. Hierfür benötigte man eine spezielle Stanzform, die auch entsprechend teuer war. So wurde dieses Gebäck fast ausschließlich in Konditoreien hergestellt. Königsberger Marzipan gibt es aber auch ungefüllt. Dafür bringt man das Marzipan in schöne Formen, z. B. Brote oder Figuren, und flämmt es dann ab.

Aber schon zu meiner Lehrzeit war das Königsberger Marzipan nur noch ein Nischenprodukt. Schon damals, Ende der 1970er Jahre, hatte dieses Konfekt etwas Altmodisches an sich. Aber genau das macht ja seinen Reiz aus. Feinstes Marzipan mit einem Hauch von Rosenwasser ist an sich schon ein Genuss. Bei der Füllung kann man kreativ werden und es in die Neuzeit herüberholen, z. B. gesalzene Erdnüsse in das Nougat geben oder die Puderzuckerglasur mit einem feinen Gin abschmecken. Hier sind unserer Fantasie kaum Grenzen gesetzt. Wichtig ist nur, dass wir ausschließlich bestes Marzipan verwenden und diesem nur wenig Puderzucker zusetzen. Auch beim Rosenwasser muss man vorsichtig sein. Ein paar Tropfen sind genug, denn das Rosenwasser soll nur den Marzipangeschmack unterstützen und keinesfalls den Geschmack des Konfekts dominieren.

Für die kleinen Königsberger brauchen wir einfach nur kleine Blüten-, Herz- oder runde Ausstecher und noch kleinere runde Ausstecher für die Mitte. Ich habe einen runden Ausstecher mit einem Durchmesser von 3 cm genommen; für den inneren Kreis einen runden Ausstecher mit 2 cm Durchmesser.

Zutaten für 30 Stück

300 g Marzipanrohmasse
50 g Puderzucker
ein bis zwei Tropfen Rosenwasser
etwas Puderzucker zum Ausrollen

Füllung:

65 g Aprikosenkonfitüre
50 g Nougat

Zuerst verknete ich Marzipan, Puderzucker und Rosenwasser. Diese Marzipanmasse rolle ich 0,6 cm dick aus. Damit das Marzipan nicht anklebt, bestäube ich meine Arbeitsfläche mit ein bisschen Puderzucker. Nun steche ich kleine Plätzchen aus, runde, viereckige, ovale oder in Herzform. Hier ein kleiner Tipp, damit das Marzipan nicht am Ausstecher klebt: die Ausstechform immer wieder in etwas Alkohol tauchen. Bei der Hälfte der Plätzchen steche ich in der Mitte noch einmal ein kleineres Herz oder ein rundes Loch aus. Diese ausgestochenen Teilchen werden auf die größeren Marzipanteile gelegt. Die Unterteile habe ich vorher noch mit etwas Alkohol angepinselt. Ich knete das übrige Marzipan immer wieder zusammen und rolle es so lange aus, bis alles aufgebraucht ist. Anschließend wird das Königsberger Marzipan auf ein Blech mit Backpapier gelegt und dann im Ofen nur kurz abgeflämmt. Also nur Oberhitze oder den Grill anmachen und 2-3 Minuten nur oben abbräunen. Auf keinen Fall sollten sie gebacken werden, da das Konfekt sonst trocken wird. Noch besser geht das Abflämmen mit einem Bunsenbrenner. Dann wärme ich das Nougat an, bis es flüssig ist, und fülle die Hälfte der kleinen Kunstwerke damit. Anschließend rühre ich meine Aprikosenkonfitüre glatt und fülle den Rest der Plätzchen damit. Man kann auch mit kandierten Früchten oder Nüssen verzieren oder man gibt ihnen mit kandierten Ingwerstückchen einen kleinen Sidekick.

Margarethentaler aus Sachsen

Margaretha (* um 1416, † 1486) war Kurfürstin in Sachsen und mit Kurfürst Friedrich II. verheiratet. Ursprünglich kam sie aus Österreich und war die Tochter des Erzherzogs Ernst I. Ihr zu Ehren wird in Sachsen in der Weihnachtszeit der sogenannte Margarethentaler gebacken. Der Name ist wahrscheinlich zurückzuführen auf die Münzen, die sie in ihrem Namen prägen ließ. Das waren allerdings keine Taler, sondern nur Groschen, und die waren auch noch illegal, da die Fürstin gar kein Münzrecht hatte und deshalb keine Münzen unter ihrem Namen prägen durfte. Später bekam sie es dann doch noch von Kaiser Friedrich III. zugesprochen. So kommt es, dass die Sachsen an Weihnachten doppelt illegale Margarethentaler backen. Eins hätte ich fast vergessen – die ge-

backenen Margarethentaler sind keineswegs rund, sondern oval. Vielleicht kann mir das mal ein Sachse erklären!

Zutaten für 2 1/2 Stangen, das ergibt 100 Stück

140 g Butter
140 g Zucker
2 g Vanillepulver
1 g Salz
50 g Eier (1 Stück)
60 g Eigelb (3 Stück)
225 g Weizenmehl
80 g Maisstärke
6 g Backpulver
100 g fein gehackte Kuvertüre

Zuerst bereite ich einen Mürbteig. Hierfür verknete ich Butter und Zucker miteinander. Die Butter habe ich ein paar Stunden vorher aus dem Kühlschrank genommen, damit sie Zimmertemperatur hat. So kann ich sie einfach besser verarbeiten. Jetzt kommen Vanille und Salz dazu. Die Eier knete ich dann nach und nach unter. Zuletzt versiebe ich Mehl, Stärke, Backpulver zusammen und knete sie mit der fein gehackten Kuvertüre unter. Anschließend muss mein Mürbteig kalt gestellt werden. Nach 1-2 Stunden hole ich den Teig aus dem Kühlschrank und forme ovale Rollen von 3 cm Dicke. Die Rollen lege ich jetzt für etwa 1-2 Stunden in den Gefrierschrank. Wenn sie gut durchgekühlt sind, schneide ich sie in ½ cm dicke Scheibchen und lege jeden Taler auf ein Backblech mit Backpapier. Im vorgeheizten Ofen bei 180° C (Umluft) backe ich meine Margarethentaler schön goldgelb. Wenn sie ausgekühlt sind, tauche ich sie zur Hälfte in dunkle, temperierte Kuvertüre.

Weihnachtsspitzln aus München

Wenn's mal schnell gehen muss: Den Butterteig hab ich sowieso schon für Spitzbuben oder Butterplätzchen vorbereitet. Ich nehme mir einfach ein bisschen zur Seite, nein, eigentlich habe ich ja sowieso schon die dreifache Menge hergerichtet, damit ich schnell viele Sorten machen kann. Und jetzt geht's ruckzuck. Einfach ausrollen, Rauten schneiden, anstreichen, bestreuen, backen, fertig.

Zutaten für 180 Stück

Butterteig:
100 g Zucker
200 g Butter
2 g Vanillezucker

etwas abgeriebene Zitronenschale
20 g Eigelb (1 Stück)
50 g Eier (1 Stück)
300 g Weizenmehl
2 g Backpulver

Dekor:

Eiweiß (1 Stück)
15 g Zucker
3 g Zimt
180 g gehackte und geröstete Haselnüsse

Zuerst verknete ich die Butter und den Zucker miteinander. Dann gebe ich meine Gewürze in die Zucker-Butter-Mischung. Nach und nach die Eier dazugeben. Zuletzt knete ich das Mehl, das ich zuvor mit dem Backpulver versiebt habe, kurz unter das Gemisch. Jetzt ab in den Kühlschrank, für etwa drei Stunden, vorher noch schön flach drücken und schnell abdecken. Wenn er fest genug ist, rolle ich den Teig messerrückendick (2,5 mm) aus und lege meinen Butterteig auf ein mit Backpapier ausgelegtes Backblech. Jetzt schneide ich ihn in Rauten. Zuerst in 2 ½ cm breite Streifen und dann in Rauten. Nun streiche ich den Teig mit Eiweiß an. Anschließend vermische ich Zucker, Zimt und Nüsse und verteile sie auf dem Teig. Bei 175° C (Umluft) im vorgeheizten Ofen backe ich meine kleinen Rauten etwa 8-10 Minuten goldgelb. Solange die Spitzln noch warm sind, schneide ich die Rauten noch einmal nach.

Schwabenbrödle, ein bayerisches Plätzchen

Schwabenbrödle sind sozusagen die bayerischen Spekulatius. Es sind schöne dünne, knusprige und würzige Platzerl. Da man den Teig nicht vor dem Backen in Formen pressen muss, sind die Schwabenbrödle schnell gemacht.

Zutaten für 150 Stück

250 g Butter
250 g Zucker
50 g Eier (1 Stück)
20 g Eigelb (1 Stück)
5 g abgeriebene Zitronenschale
3 g Zimt
1 g Macis (Muskatblüte)
250 g gemahlene Mandeln
400 g Weizenmehl

Dekor:

ein Ei, gehobelte Mandeln und/oder Hagelzucker

Zuerst rühre ich Butter und Zucker schön schaumig, dann gebe ich die Gewürze dazu. Ei und Eigelb rühre ich nach und nach unter. Zum Schluss gebe ich die Mandeln und das gesiebte Mehl dazu und knete es kurz unter. Dann wickle ich den Teig in eine Folie ein und stelle ihn kalt. Wenn der Teig fest genug ist, rolle ich ihn etwa messerrückendick aus (2,5 mm) und steche verschiedene Formen aus. Alle Brödle lege ich auf ein mit Backpapier ausgelegtes Blech. Jetzt stelle ich meine Plätzchen noch mal kurz kalt. Wenn sie fest geworden sind, bestreiche ich sie mit etwas verquirltem Ei, um sie dann mit den gehobelten Mandeln oder dem Hagelzucker zu bestreuen. Jetzt aber ab in den vorgeheizten Ofen. Bei 175° C backe ich meine Schwabenbrödle in 8-10 Minuten goldgelb.

Nürnberger Makronen

Die Franken sind innerhalb Bayerns ein Sonderfall, betonen sie doch immer wieder, dass sie eigentlich keine Bayern wären. Aber das kann man nur wirklich verstehen, wenn man in Franken oder in Bayern geboren wurde. Wir kümmern uns hier um das Plätzchenbacken und da muss ich sagen, dass es dort auch geniale Plätzchenbäcker*innen gibt.

Zutaten für 65 Stück

300 g Marzipanrohmasse
240 g Puderzucker
90 g Eiweiß (3 Stück)
abgeriebene Zitronenschale
etwa 200 halbierte Mandeln
50 g Johannisbeerkonfitüre

Zuerst verarbeite ich alle Zutaten zu einer glatten Masse. Anschließend röste ich diese Masse auf 60° C ab, d. h., ich erhitze sie unter ständigem Rühren auf 60° C. Die abgekühlte Masse fülle ich in einen Spritzbeutel mit einer 8 mm großen Lochtülle und spritze jeweils drei kleine Tupfen als Dreieck auf ein mit Backpapier ausgelegtes Blech. Jeden Tupfen belege ich mit einer halben Mandel. Bei 170° C backe ich sie nun in 12 Minuten goldgelb. Wenn sie ausgekühlt sind, verziere ich meine Nürnberger Makronen noch mit einem kleinen Tupfen Konfitüre.

Frankfurter Bethmännchen

Benannt wurden diese Gutseln nach der Bankiersfamilie Bethmann. 1840 sollen sie zum ersten Mal gebacken worden sein. Für jeden der vier Söhne der Familie setzte der Koch eine Mandel an die Marzipankugeln. Durch einen tragischen Unfall starb einer der Söhne und fortan backte der Koch der Bankiersfamilie die Bethmännchen nur noch mit drei Mandeln. Und so ist es bis heute in Frankfurt geblieben. Aber ich mache sie ein klein wenig anders. Bei mir bekommt dieses Marzipangebäck nur zwei Mandeln. Wahrscheinlich haben Sie den Grund schon erraten: Ich habe zwei Kinder.

Zutaten für 50 Stück

500 g Marzipanrohmasse
50 g Puderzucker
10 g Rosenwasser
halbierte Mandeln

Das Marzipan, den Puderzucker und das Rosenwasser miteinander gut verkneten. Aus dem Teig forme ich kleine Kugeln von

etwa 10 g. Auf ein Backblech mit Backpapier legen. Auf jedes Marzipankügelchen lege ich 2 halbierte Mandeln. Dann backe ich meine Bethmännchen bei starker Hitze (210° C) 5-8 Minuten. Eigentlich sollte man dieses zarte Gebäck nur oben ein wenig abflämmen, damit sie eine schöne Backfarbe bekommen und in der Mitte schön saftig bleiben. Wenn Sie also einen Ofen haben, bei dem Sie die Ober- und Unterhitze regeln können, dann stellen Sie die Unterhitze ganz ab und backen die Bethmännchen nur mit Oberhitze.

Grill-Briketts aus Bielefeld

Über 500 Jahre, bis Anfang des 20. Jahrhunderts, wurde im Bielefelder Stadtteil Kirchdornberg Kohle abgebaut. Somit passen die Grill-Briketts natürlich wunderbar nach Bielefeld. Alle Marzipanfans werden begeistert sein, ist doch im Innersten feinstes Marzi-

pan, umhüllt von einer knackigen Zartbitterkuvertüreschicht und bestem Kakaopulver.

Zutaten für 45 Stück

300 g Marzipanrohmasse
45 g Puderzucker
Zartbitterkuvertüre
Kakaopulver

Zuerst verknete ich das Marzipan und den Puderzucker. Dann forme ich etwa daumendicke Schlangen. Diese drücke ich oben etwas flach. Dann schneide ich mit einem Messer kleine Briketts ab. Jetzt temperiere ich mir etwas Zartbitterkuvertüre. In diese tauche ich dann meine kleinen Briketts und rolle sie anschließend im Kakaopulver. Noch ein bisschen abklopfen und fertig sind die Grill-Briketts.

Butterstreusel aus Göttingen in Niedersachsen

Bei einem Kurzaufenthalt in Göttingen habe ich eine feine Konditorei entdeckt und dann natürlich sofort in der Plätzchenabteilung zugeschlagen. Ein kleines unscheinbares Plätzchen hat es mir sofort angetan: unten ein kleines rechteckiges Butterplätzchen, obendrauf feinste Butterstreusel. So einfach und doch genial.

Zutaten für 70 Stück

Butterteig:
50 g Zucker
100 g Butter
1 g Vanillezucker
etwas abgeriebene Zitronenschale
40 g Eigelb (2 Stück)
150 g Weizenmehl
1 g Backpulver
1 Ei zum Bestreichen

Streusel:

75 g Zucker
75 g Butter
etwas abgeriebene Zitronenschale
150 g Weizenmehl
etwas Puderzucker zum Bestäuben

Zuerst verknete ich Butter und Zucker miteinander. Dann gebe ich meine Gewürze in die Zucker-Butter-Mischung. Nach und nach gebe ich die Eier dazu. Zuletzt knete ich das Mehl, das ich zuvor mit dem Backpulver versiebt habe, kurz unter das Gemisch. Dann den Teig etwas flach drücken und abdecken und für drei Stunden

in den Kühlschrank stellen. In der Zwischenzeit mache ich meine Streusel. Hierfür verknete ich Butter, Zucker und Zitronenschale. Dann gebe ich das Mehl dazu und knete so lange, bis es schöne Streusel ergibt. Die stelle ich erst einmal beiseite. Wenn mein Butterteig fest genug ist, rolle ich ihn messerrückendick (2,5 mm) aus. Anschließend schneide ich 7 × 2 cm große Plätzchen aus. Ich bestreiche meinen Teig mit etwas verquirltem Ei und verteile die Streusel darauf. Jetzt fahre ich vorsichtig mit einer Palette unter die einzelnen Plätzchen und setze sie auf ein mit Backpapier ausgelegtes Blech. Bei 175° C (Umluft) müssen sie jetzt 8-12 Minuten im vorgeheizten Ofen ausharren. Wenn Sie schön goldgelb sind, hole ich meine Butterstreusel aus dem Ofen. Sobald sie ausgekühlt sind, bestäube ich sie noch leicht mit Puderzucker.

Bentheimer Moppen

Bad Bentheim ist ein Kurort in Niedersachsen, nach dem dieses Weihnachtsgebäck benannt ist. Das Spezielle an den Bentheimer Moppen ist der Kümmel. Kümmel ist jetzt nicht gerade bekannt für die Weihnachtsbäckerei, aber einen Versuch ist es wert. Die Moppen sind feine, leicht knusprige Plätzchen. Der erste Bissen schmeckt nach Honig, aber dann bricht sich der Kümmel endlich seine Bahn und füllt unseren Mund mit seinem feinen Aroma.

Zutaten für 180 Stück

250 g Butter
100 g Marzipanrohmasse
180 g Honig
160 g Zucker
50 g Eier (1 Stück)
20 g Eigelb (1 Stück)
3 g Koriander
10 g Kümmel
1,5 g Zimt
1 g Salz
500 g Weizenmehl
3 g Backpulver

Zuerst röste ich Koriander und Kümmel in einer Pfanne ohne Fett so lange, bis es zu duften beginnt. Bevor ich sie fein mörsern kann, müssen die Gewürze erst einmal auskühlen. Dann rühre ich Butter, Marzipan, Honig, Gewürze und Zucker cremig. Die Eier kommen nach und nach dazu. Zum Schluss versiebe ich Mehl und Backpulver miteinander und hebe es unter die Buttermasse. Jetzt muss mein Teig erst einmal kalt gestellt werden, eine Stunde im Kühlschrank sollte reichen. Dann forme ich aus dem Teig

3 cm dicke Rollen. Diese kommen eine Stunde in den Gefrierschrank. Dann schneide ich die Rollen in 1 cm dicke Scheiben und lege meine Moppen auf ein Blech mit Backpapier. Anschließend backe ich sie bei 175° C in 8-10 Minuten goldgelb.

Pflastersteine aus Sigmaringen in Bodensee-Oberschwaben

Die Pflastersteine habe ich in einer kleinen Konditorei in Sigmaringen gefunden. Zu Hause angekommen, habe ich mit einer Geschmacksprobe versucht herauszufinden, was alles in die Pflastersteine gehört. Ich hoffe, ich habe einigermaßen das Originalrezept getroffen.

Zutaten für 35 Stück

150 g Sahne
200 g Nougat
250 g Zartbitterkuvertüre
70 g Kristallzucker zum Wälzen

Zuerst schmelze ich die Zartbitterkuvertüre im Wasserbad. Die Sahne lasse ich kurz aufkochen und nehme den Topf sofort vom Herd. In der heißen Sahne löse ich das Nougat auf und rühre dann die flüssige Zartbitterkuvertüre unter. Dann lege ich ein Blech mit Backpapier aus und stelle einen Rahmen (18 × 12 cm) darauf. Hierhinein gieße ich nun meine Masse. Diese lasse ich über Nacht an einem kühlen Ort anziehen. Am nächsten Tag schneide ich sie in 2,5 × 2,5 cm große Quadrate. Anschließend muss ich meine Pflastersteine nur noch im Zucker wälzen.

Lütje Koken aus Butjadingen in Niedersachsen

Butjadingen ist eine Gemeinde auf der gleichnamigen Halbinsel in der Nordsee an der Wesermündung. Lütje oder auch Lüttje heißt übersetzt das Kleine, und Koken ist auf Plattdeutsch der Kuchen. Also ist ein »Lütje Koken« ein kleiner Kuchen. So nennen die Butjadinger*innen ihre leckeren Plätzchen einfach »kleine Kuchen«. Was sie ja auch sind.

Zutaten für 80 Stück

Butterteig:
70 g Butter
35 g Zucker
eine Prise Vanillepulver
etwas abgeriebene Zitronenschale
20 g Eigelb (1 Stück)
105 g Weizenmehl (Type 550)
1 g Backpulver

Eiweißmasse:

60 g Eiweiß (2 Stück)
120 g Zucker
Mandeln und Sultaninen

Für den Butterteig verknete ich die Butter und den Zucker miteinander. Dann gebe ich meine Gewürze in die Zucker-Butter-Mischung, anschließend nach und nach die Eier. Zuletzt knete ich das Mehl, das ich zuvor mit dem Backpulver versiebt habe, kurz unter das Gemisch. Den Teig schön flach drücken und abdecken und dann für drei Stunden in den Kühlschrank stellen. Wenn der Mürbteig gut durchgekühlt ist, rolle ich ihn 2,5 mm

(messerrückendick) aus. Dann steche ich kleine runde Koken im Durchmesser von 3 cm aus und lege sie auf ein mit Backpapier ausgelegtes Blech. Die Koken werden jetzt halb gebacken. Das heißt, sie kommen nur ganz kurz in den Ofen und werden nach ca. 5 Minuten, bevor sie anfangen Farbe zu bekommen, wieder herausgeholt. Das hat den Vorteil, dass sie, wenn sie abgekühlt sind, schön fest sind und besser geeignet für die Weiterverarbeitung.

Jetzt kann ich beruhigt die Eiweißmasse anschlagen. Hierfür gebe ich das Eiweiß in eine Schüssel und schlage es zusammen mit der Hälfte des Zuckers schön schaumig. Dann gebe ich nach und nach den Rest des Zuckers dazu und schlage kräftig weiter. Wenn es ein schöner steifer Eiweißschnee geworden ist, fülle ich die Masse in einen Spritzbeutel mit einer 8 mm großen Lochtülle und spritze auf jedes Plätzchen einen kleinen Tupfen. Auf die Hälfte der Tupfen lege ich eine halbe Mandel, auf die restlichen Koken lege ich drei Sultaninen. Anschließend müssen meine kleinen Kuchen noch für 8 Minuten in den vorgeheizten Ofen bei 175° C (Umluft).

Hamburger Eisschollen

Unten ein feinwürziger Mürbteig, dann saftiges Johannisbeergelee und oben leckerer Mandelbaiser, kurz gesagt: ein Hamburger Plätzchen zum Verlieben.

Zutaten für 60 Stück

Mürbteig:
70 g Zucker
140 g Butter (zimmerwarm)
4 g abgeriebene Zitronenschale
2 g Zimt
2 g Piment
60 g Eigelb (3 Stück)
210 g Weizenmehl

Zum Aufstreichen:

340 g Johannisbeergelee

Topping:

90 g Eiweiß (3 Stück)
200 g Puderzucker
½ TL löslicher Kaffee
80 g geriebene Mandeln
2 g abgeriebene Zitronenschale

Für den Teig Zucker, Butter und Gewürze verkneten. Eigelb nach und nach unterkneten, zum Schluss das Weizenmehl. Den Teig in Folie wickeln und für ca. eine Stunde kalt stellen. Dann den Teig auf 40 × 30 cm ausrollen. Auf ein mit Backpapier ausgelegtes Backblech legen und vorbacken, d. h. bei 175° C etwa 5-7 Minuten backen. Wenn die Platte am Rand leicht Farbe bekommt, sofort aus dem Ofen holen. Auskühlen lassen und dann mit dem Johannisbeergelee bestreichen. Anschließend Eiweiß, löslichen Kaffee und die Hälfte des Puderzuckers schaumig rühren. Den restlichen Zucker nach und nach unterrühren. Wenn es einen schönen steifen Schnee ergeben hat, die geriebenen Mandeln und die Zitronenschale unterheben und auf das Johannisbeergelee aufstreichen. Im vorgeheizten Ofen bei 170° C 20 Minuten backen.

Noch heiß mit einem scharfen Messer in kleine Rauten schneiden. Wenn dabei das Eiweiß bricht, dann ist das genau richtig, denn die kleinen Leckerbissen sollen ja wie Eisschollen aussehen.

Mecklenburger Blitzkuchen

Obwohl diese Plätzchen Blitzkuchen heißen, sind sie doch etwas aufwändig herzustellen. Der Kuchen selbst ist schon sehr schnell gemacht, aber dann fängt die Arbeit erst an, denn jedes Plätzchen wird noch mit einer Praline verziert.

Zutaten für 100 Stück

250 g Butter
250 g Zucker
6 g Zimt
200 g Vollei (4 Stück)
250 g Weizenmehl
120 g geriebene Mandeln

Mandelsplitter:

500 g gestiftelte Mandeln
18 g Kakaobutter
500 g Zartbitterkuvertüre

Zuerst muss ich für meine Mecklenburger Blitzkuchen den Kuchen backen. Hierfür rühre ich Butter, Zucker und Zimt schaumig. Die Eier rühre ich nach und nach unter, im Anschluss das vorher gesiebte Mehl und die Mandeln. Jetzt lege ich ein Backblech mit Backpapier aus und streiche meine Masse etwa fingerdick auf. Im vorgeheizten Ofen backe ich meinen Kuchen bei 175° C in 20 Minuten goldbraun. Dann lasse ich ihn auskühlen und schneide

ihn in 2,5 cm × 2,5 cm große Quadrate. Auf jedes Plätzchen setze ich jetzt einen Mandelsplitter.

Für die Mandelsplitter feuchte ich die gestiftelten Mandeln mit etwas Wasser an, lege sie auf ein mit Backpapier ausgelegtes Blech und bestäube sie so oft mit Puderzucker, bis kein Puderzucker mehr haften bleibt. Nun röste ich sie im vorgeheizten Backofen bei ca. 190° C, bis sie schön goldbraun sind. Zwischendrin muss ich sie immer mal wieder umwenden, damit sie schön gleichmäßig Farbe annehmen. Jetzt müssen die Mandeln erst einmal auskühlen. In der Zwischenzeit löse ich in einem Topf die Kakaobutter auf und temperiere meine Kuvertüre. Nun mische ich die ausgekühlten Mandeln, die Kakaobutter und die temperierte Kuvertüre und setze auf jedes Plätzchen mit einem Löffel ein Häufchen. Am besten teilt man die Menge in zwei bis drei Portionen auf, damit die Kuvertüre nicht schneller anzieht, als man sie verarbeiten kann.

Schokokränzchen aus Weimar

Auch in Weimar gibt es leckere Plätzchen. Die Kombination von Butterteig mit Schokospritzteig, gefüllt mit Johannisbeermarmelade, ist einfach unwiderstehlich. Ein feiner Plätzchengruß aus Thüringen.

Zutaten für 45 Stück

Butterteig:
75 g Butter
70 g Zucker
eine Prise Vanillepulver
40 g Eigelb (2 Stück)
75 g Weizenmehl
75 g Stärke

Schokomasse:

110 g Butter
65 g Zucker
eine Prise Vanillepulver
50 g Eier (1 Stück)
160 g Weizenmehl (Type 550)
9 g Kakaopulver

150 g Johannisbeermarmelade

Zuerst bereite ich einen Butterteig. Hierfür verknete ich Butter, Zucker und Vanille. Anschließend kommen die Eigelbe nach und nach dazu. Zum Schluss knete ich noch Weizenmehl und Stärke unter. Mein Butterteig muss jetzt kalt gestellt werden. Nach ca. 3 Stunden kann ich ihn aus dem Kühlschrank holen. Am besten macht man den Butterteig am Abend vorher, dann kann man am nächsten Tag jederzeit weiterarbeiten. Auf alle Fälle rolle ich den Teig jetzt messerrückendick (2,5 mm) aus und steche mit einem Blütenausstecher kleine Plätzchen aus, die ich auf ein mit Backpapier ausgelegtes Blech verteile. Das Blech stelle ich jetzt beiseite und bereite meine Schokomasse zu. Hierfür wärme ich die Butter ein wenig an. Sie sollte schön geschmeidig sein, darf aber nicht flüssig werden. Zusammen mit dem Zucker und der Vanille rühre ich sie schön cremig. Anschließend schlage ich das Ei nach und nach unter. Dann versiebe ich Mehl und Kakaopulver und rühre es kurz unter meine Buttermasse. Wenn alles schön vermischt ist, gebe ich meine Masse in einen Spritzbeutel mit einer

7 mm großen Sterntülle und spritze auf jedes meiner ausgestochenen Plätzchen einen Kringel. Sollte etwas Schokomasse übrigbleiben, dann spritze ich einfach kleine Plätzchen auf ein Backpapier. Bleiben ausgerollte Plätzchen übrig, so backe ich diese einfach mit und habe dann ein paar Butterplätzchen. Nach dem Backen fülle ich meine Schokokränzchen noch mit der Johannisbeermarmelade, die ich vorher etwas glattgerührt habe.

Walnuss-Zungen aus dem Saarland

»Pläddsjer« nennen die Saarländer*innen ihre Plätzchen. Die Walnuss-Zungen sind ein feines buttriges, nussiges und knuspriges Eiweißgebäck. Das Ungewöhnliche an ihnen ist, dass hier Butter untergerührt wird. So bekommen sie einen ganz besonderen Touch.

Zutaten für 50 Stück

90 g Eiweiß (3 Stück)
130 g Zucker
50 g flüssige Butter
100 g fein geriebene Walnüsse
2 g Zimt
30 g Weizenmehl (Type 550)
20 g grob gehackte Walnüsse zum Bestreuen

Zuerst schlage ich Eiweiß und Zucker zu einem steifen Eischnee. Dann hebe ich vorsichtig Nüsse, Zimt und Mehl unter. Anschließend hebe ich die flüssige Butter unter und spritze mit einer Spritztüte mit einer 10 mm großen Lochtülle kleine Zungen auf ein mit Backpapier ausgelegtes Blech. Danach bestreue ich sie mit den grob gehackten Walnüssen. Bei 175° C (Umluft) im vorge-

heizten Ofen müssen die Walnuss-Zungen nun 8-10 Minuten ausharren. Wenn sie ausgekühlt sind, überspinne ich sie noch mit etwas temperierter Zartbitterkuvertüre.

Zimtbrezeln aus Berlin

Berlin wird immer glamouröser und schicker, das Diktum von Klaus Wowereit – »arm, aber sexy« – gilt so nicht mehr. Aber meine Berliner Zimtbrezeln schmecken bestimmt allen. Denn der zartbuttrige Mürbteig zergeht auf der Zunge, und wenn man, wie ich, den feinen Ceylon-Zimt nimmt, dann hat man auch ein aromenreiches Zimterlebnis.

Zutaten für 66 Stück

100 g Zucker
200 g Butter

1 g Vanillepulver
etwas abgeriebene Zitronenschale
3 g Ceylon-Zimt
20 g Eigelb (1 Stück)
50 g Eier (1 Stück)
300 g Weizenmehl
2 g Backpulver

Zum Bestäuben:
60 g Puderzucker
6 g Ceylon-Zimt

Zuerst verknete ich Butter, Zucker, Zitronenschale und Zimt. Eigelb und Ei knete ich nach und nach unter. Dann versiebe ich Mehl und Backpulver und knete es unter die Butter-Zucker-Masse. Anschließend wickele ich den Teig in Folie ein und stelle ihn für 3 Stunden in den Kühlschrank. Wenn mein Teig schön durchgekühlt ist, rolle ich ihn 5 mm dick aus und steche mit einem Brezelausstecher kleine Brezeln aus. Wer keinen Ausstecher hat, der kann auch kleine Schlangen rollen und daraus die Brezeln formen. Alle Brezeln lege ich auf ein mit Backpapier ausgelegtes Backblech. Bei 175° C (Umluft) müssen die Berliner Brezeln 8-12 Minuten im vorgeheizten Ofen ausharren, bis sie schön goldgelb sind. Wenn die kleinen Brezeln ausgekühlt sind, bestäube ich sie noch mit Zimt-Puderzucker. Hierfür wird einfach der Puderzucker mit dem Zimt gemischt und dann mit einem Sieb auf den Brezeln verteilt.

Bremer Brot

Das Bremer Brot ist ein schönes saftiges Plätzchen mit Piment, auch Nelkenpfeffer genannt. Piment ist bei uns ein äußerst unterschätztes Gewürz, das fast nur für Gewürzmischungen verwendet wird. Vielleicht ist der Namensgeber für Pfefferkuchen nicht der Pfeffer, sondern der Nelkenpfeffer, ist Piment doch ein wichtiger Bestandteil jeder Lebkuchengewürzmischung. Aber man kann ihn auch in der Küche zum Kochen gut verwenden, z. B. bei Sauerbraten oder Currys.

Zutaten für 60 Stück

125 g Butter
125 g Zucker
50 g Marzipanrohmasse
2 g Piment
2 g Zimt
etwas abgeriebene Zitronenschale
50 g Ei (1 Stück)
175 g Weizenmehl (Type 550)

8 g Kakao
2 g Backpulver
125 g geriebene Mandeln
70 g Fondant
Zitronensaft und Zitronenabrieb

Zuerst verknete ich Butter, Zucker, Marzipan, Piment, Zimt, Zitronenschale. Dann knete ich das Ei unter. Jetzt versiebe ich Weizenmehl, Kakao und Backpulver und knete es zusammen mit den Mandeln unter. Anschließend muss der Teig eine Stunde in den Kühlschrank, bevor ich ihn 6 mm dick ausrollen kann. Der ausgerollte Teig wird dann auf ein mit Backpapier ausgelegtes Blech gelegt und im vorgeheizten Ofen bei 175° C 12-16 Minuten gebacken. Solange das Bremer Brot noch warm ist, schneide ich es zuerst in 3 cm breite Streifen und diese dann in Rauten. Jetzt erwärme ich meinen Fondant auf 38° C, würze ihn mit etwas Zitronenabrieb und verdünne ihn mit Zitronensaft. Wer will, kann natürlich auch eine Puderzuckerglasur mit Zitronensaft anrühren. Ob Fondant oder Zuckerglasur, ich streiche sie dünn auf die kleinen Bremer.

Kapuziner aus Düsseldorf

Diese kleinen Nougatplätzchen habe ich in einer Düsseldorfer Konditorei entdeckt. Auch wenn Kapuziner normalerweise ein dreieckiges Gebäck mit Nussfüllung sind, so hat mir diese Düsseldorfer Version sofort gefallen. Nougat geht einfach immer.

Zutaten für 108 Stück

100 g Zucker
200 g Butter
1 g Vanillepulver
etwas abgeriebene Zitronenschale
20 g Eigelb (1 Stück)
50 g Eier (1 Stück)
300 g Weizenmehl
2 g Backpulver

Füllung:

150 g helles Nougat
30 g Zartbitterkuvertüre
Zartbitterkuvertüre zum Tauchen

Zuerst verknete ich Butter, Zucker, Vanille und Zitronenschale. Eigelb und Ei knete ich nach und nach unter. Dann versiebe ich Mehl und Backpulver und knete es unter. Ich wickele meinen Butterteig in Folie ein und stelle ihn für drei Stunden in den Kühlschrank. Am besten bereitet man den Teig am Abend vorher zu. Wenn der

Teig schön durchgekühlt ist, rolle ich ihn 2,5 mm dick aus und steche kleine Rauten aus. Die Rauten lege ich auf ein mit Backpapier ausgelegtes Backblech. Im vorgeheizten Ofen werden die Kapuziner bei 175° C (Umluft) in 8-12 Minuten schön goldgelb gebacken. Wenn die kleinen Düsseldorfer ausgekühlt sind, setze ich immer zwei aufeinander mit einer Schicht Nougat dazwischen. Hierfür löse ich die Kuvertüre im Wasserbad auf und rühre sie dann unter das etwas angewärmte Nougat. Wenn das Nougat fest geworden ist, tauche ich die Kapuziner halb in temperierte Zartbitterkuvertüre. Anschließend lege ich sie auf ein Stück Backpapier, bis die Schokolade fest geworden ist.

Anisplätzchen aus Vreden in Nordrhein-Westfalen

Diese Gebäckspezialität hat mir meine Schwiegertochter aus Vreden mitgebracht. Solche Geschenke liebe ich, kann ich sie doch sofort nachbacken und, wenn sie mir gelingen, für mein nächstes Backbuch verwenden. Und wie jeder erkennen kann, sind sie mir geglückt.

Zutaten für 40 Stück

50 g Zucker
50 g Butter
4 g Anis

etwas abgeriebene Zitronenschale
20 g Eigelb (1 Stück)
100 g Weizenmehl (Type 550)

Zuerst röste ich den Anis in einer Pfanne ohne Fett, bis er anfängt zu duften. Dann mahle ich ihn grob und lasse ihn auskühlen. Anschließend verknete ich Zucker, Butter, Anis und Zitronenschale. Hierunter knete ich jetzt nach und nach das Eigelb. Zum Schluss knete ich noch das Weizenmehl unter. Jetzt müssen sich der Teig und der fleißige Bäcker ausruhen. Also wickle ich den Anis-Butter-Teig in eine Folie und lege ihn in den Kühlschrank. Wenn er gut durchgekühlt ist, also nach 2-3 Stunden, rolle ich ihn messerrückendick (2,5 mm) aus und gehe noch einmal mit einem Teigroller mit Muster darüber, damit die Plätzchen ein schönes Muster bekommen. Nun geht es ans Ausstechen. Hierfür nehme ich einen Blütenausstecher und steche kleine Plätzchen aus. Jedes Plätzchen lege ich nun auf ein mit Backpapier ausgelegtes Blech. Bei 170° C backe ich nun die Anisplätzchen in 8-10 Minuten schön knusprig goldgelb.

Straßburger aus Magdeburg

Die typischen Straßburger in den Magdeburger Bäckereien sind meistens mit Marmelade gefüllt. Aber auch die Schweden backen ein Spritzgebäck, das sie »Straßburger« nennen. Sogar der ein oder andere bayerische Bäcker nennt seine aufgespritzten Plätzchen Straßburger. Vielleicht ist er in Sachsen-Anhalt groß geworden und nach der Wiedervereinigung ausgewandert. Woher der Name eigentlich kommt, wissen selbst die Magdeburger Bäcker nicht mehr. Aber Spritzgebäck ist schnell gemacht und schmeckt lecker. Deshalb darf es in keiner Gebäckmischung fehlen.

Zutaten für 25 Stück

100 g Butter
60 g Zucker
etwas abgeriebene Zitronenschale
50 g Ei (1 Stück)
150 g Weizenmehl
ca. 80 g Johannisbeerkonfitüre zum Füllen
Zartbitterkuvertüre zum Tauchen

Zuerst wärme ich die Butter leicht an, damit sie schön geschmeidig ist. Dann rühre ich sie zusammen mit Zucker und Zitronenschale cremig. Das Ei rühre ich nach und nach unter. Zum Schluss hebe ich das gesiebte Weizenmehl unter die Masse. Jetzt spritze ich mit einem Spritzbeutel mit einer 11 mm großen Sterntülle meine Straßburger auf ein mit Backpapier ausgelegtes Blech. Kleine Stangen mit Wellenlinien sollen es sein. Dann backe ich sie bei 175° C (Umluft) in 8-10 Minuten goldgelb. Wenn die Plätzchen ausgekühlt sind, setze ich jeweils 2 Stück mit Johannisbeermarmelade zusammen. Anschließend tauche ich sie noch zu 1/3 längs in temperierte Zartbitterkuvertüre. Die fertigen Straßburger lege ich auf ein Stück Backpapier, bis die Kuvertüre fest geworden ist.

Engelsbisse aus Thüringen

Eigentlich sollten uns die Engel ja Schutz bieten. Wir rufen sie an, wenn wir Hilfe brauchen. In Thüringen aber ist das anscheinend anders. Ich kann zwar nicht erklären, warum dort die Engel beißen, aber Hauptsache, die Engelsbisse schmecken lecker, und das ist so sicher wie das Amen in der Kirche.

Zutaten für 80 Stück

90 g Eiweiß (3 Stück)
eine Prise Salz
180 g Puderzucker
200 g geriebene und geröstete Haselnüsse
3 g Zimt
eine gute Prise Vanillepulver

Zuerst schlage ich Eiweiß, Salz und die Hälfte des Puderzuckers zu einem steifen Schnee. Den restlichen Puderzucker schlage ich nach und nach unter. Von dem steifen Eischnee stelle ich 100 g zur Seite. Dann knete ich Haselnüsse, Zimt und Vanille unter den restlichen Eischnee. Anschließend rolle ich meinen Engelteig 10 mm dick aus. Damit er nicht anklebt, bestäube ich die Ober- und Unterseite mit Puderzucker und steche dann kleine runde Plätzchen aus (Durchmesser 2,5 mm). Mit dem übrigen Eiweißschnee verziere ich nun jeden Engelsbiss: Ich fülle den Eischnee in einen Spritzbeutel mit einer 7 mm großen Lochtülle und spritze auf jedes

Plätzchen einen Tupfen. Dann muss ich meine Thüringer Engelsbisse nur noch backen. Bei 160° C (Umluft) müssen sie 6-8 Minuten in den Ofen. Wenn der Eischnee beginnt Farbe zu bekommen, sind sie auch schon fertig.

Teufelsküsse aus Thüringen

Natürlich sorgen die Thüringer*innen für einen Ausgleich und backen nicht nur Engelsbisse, sondern auch gleich noch ein paar Teufelsküsse. Ich muss allerdings gestehen, dass mir die original Teufelsküsse ein wenig zu einfach gestrickt waren, deshalb habe ich als kleinen Peitschenhieb noch etwas Chili hinzugefügt. Die Schärfe des Chili gibt den Küssen etwas Teuflisches. Wie viel Chili die richtige Menge ist, muss natürlich jeder für sich selbst entscheiden. Aber ein Teufelskuss sollte schon ein wenig heimtückisch sein …

Zutaten für 80 Stück

250 g Butter
120 g Zucker
2 g Chili (oder nach Gusto)
2 g Vanillezucker
100 g fein gehackte Zartbitterkuvertüre
150 g Weizenmehl
160 g Stärke (z. B. Maisstärke)

Dekor:

Zartbitterkuvertüre
roter Pfeffer

Zuerst wärme ich die Butter etwas an, damit sie schön geschmeidig ist. Dann rühre ich sie zusammen mit Zucker, Chili und Vanille cremig. Zum Schluss rühre ich kurz Kuvertüre, Mehl und Stärke unter. Mehl und Stärke habe ich vorher durchgesiebt. Jetzt spritze ich mit einem Spritzbeutel mit einer Lochtülle (ca. 10 mm) kleine Tupfen auf ein mit Backpulver ausgelegtes Blech. Bei 175° C (Umluft) werden meine kleinen Teufelsküsse nun in 8-12 Minuten goldgelb gebacken. Wenn sie ausgekühlt sind, verziere ich sie mit temperierter Zartbitterkuvertüre. Ich fülle die Kuvertüre in ein kleines Tütchen und spritze dann teuflisch wilde Muster auf meine Plätzchen. Bevor die Kuvertüre angezogen ist, streue ich noch roten Pfeffer darüber.

Spreewälder Gewürzkuchen aus Brandenburg

Bei Spreewald denkt natürlich jeder an Spreewälder Gurken. Gutes Marketing kann man da nur sagen. Aber über Spreewälder Plätzchen wissen wir kaum etwas. Diese Unwissenheit kann ich mit dem heutigen Tage abstellen, denn anstatt Gewürzgürkchen backen wir saftigen Gewürzkuchen.

Zutaten für 72 Stück

100 g Ei (2 Stück)
180 g Zucker
20 g Rum
1 gute Prise Piment
6 g Zimt
75 g fein gehackte Zartbitterkuvertüre
125 g geriebene Mandeln
25 g Zitronat
25 g Orangeat
200 g Weizenmehl
2 g Backpulver

Zum Verzieren:

1 EL Rum
5 gestrichene EL Puderzucker

Zuerst rühre ich Eier, Zucker, Rum und Gewürze schaumig. Wenn die Eier gut aufgeschlagen sind, hebe ich die restlichen Zutaten unter. Diese Masse streiche ich etwa einen Zentimeter hoch auf ein mit Backpapier ausgelegtes Backblech. Bei 170° C (Umluft) backe ich meinen Spreewälder Gewürzkuchen ca. 20 Minuten. Wenn der Kuchen ausgekühlt ist, schneide ich ihn in kleine Rechtecke (4 cm × 2 cm). Dann verrühre ich den Rum mit dem Puderzucker, fülle diese Zuckerglasur in ein Tütchen und verziere damit die Spreewälder Gewürzkuchen.

KLASSIKER – ZEITLOS

Diese Klassiker sind deshalb zeitlos, weil sie Generationen verbinden. Ein Geschmackserlebnis, das sich jedem Zeitgeist widersetzt. Handschriftliche Rezepte werden von Generation zu Generation weitergegeben. Als Kind hat sie die Großmutter für einen gebacken, später bettelt man die Oma an, damit sie einem das Geheimrezept endlich verrät, damit man seine Kindheitserinnerungen an die nächste Generation weitergeben kann. In unserer schnelllebigen Zeit ist es schon erstaunlich, dass es noch Plätzchenrezepte gibt, die sich über viele Generationen erhalten haben. Meistens kann man bei ihnen nicht mehr viel verbessern.

Florentinerle

Wehe, wenn bei uns im Weihnachtsgeschäft die Florentinerle einmal ausgegangen waren, dann ließ meine Mutter nicht locker, bis wir uns sofort dranmachten und für Nachschub sorgten. Also Weihnachten ohne Florentinerle ist gar kein so richtiges Weihnachten.

Zutaten für 60 Stück

25 g Sahne
40 g Zucker
15 g Honig
8 g Glukose
40 g Butter
65 g gehobelte Mandeln
20 g getrocknete, fein gehackte Aprikosen
20 g gehackte Cranberrys

Zuerst gebe ich Sahne, Zucker, Honig, Glukose und Butter in einen Topf und lasse das Gemisch so lange kochen, bis die Masse dickflüssig wird und eine leichte Karamellfarbe angenommen hat. Jetzt nehme ich den Topf vom Herd und rühre Mandeln, getrocknete Aprikosen und Cranberrys unter. Ich lasse die Masse ein wenig abkühlen, dann gebe ich kleine Kleckse davon auf ein mit Backpapier ausgelegtes Blech. Damit es nicht zu sehr klebt, feuchte ich meine Hände an. Anschließend drücke ich mit den angefeuchteten Händen die Kleckse ein wenig flach. Jetzt aber ab in den Ofen mit den kleinen Mandelkaramellen. Bei 170° C (Umluft) brauchen sie etwa 8-10 Minuten. Aber lieber ein bisschen früher nachschauen, damit sie nicht zu dunkel werden.

Schwarz-Weiß-Gebäck

Schwarz-Weiß-Gebäck ist natürlich ein Weihnachtsgebäck-Klassiker. Ich habe mir erlaubt, dieses etwas behäbig daherkommende Plätzchen ein wenig zu modernisieren. So wie ich es hier mache, geht es einfach viel schneller, und es schaut auch noch ziemlich raffiniert aus.

Zutaten für 120 Stück

100 g Zucker
200 g Butter
1 g Vanillezucker
etwas abgeriebene Zitronenschale
20 g Eigelb (1 Stück)
50 g Eier (1 Stück)
300 g Weizenmehl
2 g Backpulver
12 g Kakao
15 g Milch (1 EL)
Zimtzucker

Zuerst verknete ich die Butter und den Zucker miteinander. Dann gebe ich meine Gewürze in die Zucker-Butter-Mischung. Nach und nach die Eier dazugeben. Zuletzt knete ich das Mehl, das ich zuvor mit dem Backpulver versiebt habe, kurz unter das Gemisch. Den Teig in zwei gleichmäßige Hälften teilen. In die eine Hälfte den Kakao und die Milch unterkneten. Die beiden Teigstücke abdecken und in den Kühlschrank stellen. Am nächsten Tag rolle ich meine beiden Teige mit etwas Mehl messerrückendick aus und steche Plätzchen in verschiedenen Formen aus. Dann kann man z. B. in der Mitte der Plätzchen kleinere ausstechen und helle gegen dunkle austauschen. Oder jeweils ein helles und ein dunkles

Plätzchen vor dem Backen halb aufeinanderlegen. Man kann auch jeweils ein helles und ein dunkles Plätzchen nach dem Backen mit Marmelade zusammensetzen. Bei 180° C (Umluft) müssen die Plätzchen 8-10 Minuten im Ofen bleiben. Solange sie noch heiß sind, bestreue ich sie mit Zimtzucker.

Tipp: Die Reste der beiden Teige knete ich vorsichtig ineinander, so dass eine Marmorierung entsteht, und forme eine Rolle. Diese Rolle wird nun kalt gestellt und dann in Scheiben geschnitten und wie die anderen Plätzchen gebacken.

Zimtsterne

Zimtsterne sind einer der Klassiker im Weihnachtsgebäck überhaupt. Aber nur wenige trauen sich in der heimischen Küche an diesen Klassiker heran, da Zimtsterne doch ein wenig aufwändig

und auch ein bisschen knifflig in der Zubereitung sind. Was häufig falsch gemacht wird, ist eine viel zu lange Backzeit. Ein guter Zimtstern muss einfach ganz zart auf der Zunge zergehen und langsam sein kräftiges Zimtaroma im Mund verteilen. Normalerweise wird bei hausgemachten Zimtsternen immer zuerst der Teig ohne Zuckerglasur ausgestochen. Anschließend wird jeder Zimtstern einzeln mit Zuckerglasur bestrichen. Dies ist natürlich sehr zeitaufwändig. Vielleicht ist dies ja der Grund, warum Zimtsterne meistens in den Profibackstuben gebacken werden? Aber wenn man den richtigen Ausstecher hat, dann ist das Ganze ein Kinderspiel.

Zutaten für 55 Stück

210 g Eiweiß (9 Stück)
900 g Puderzucker
170 g Marzipanrohmasse
600 g geröstete, fein gemahlene Haselnüsse

200 g fein gehacktes Zitronat
10 g Zimt
5 g abgeriebene Zitronenschale
geriebene Haselnüsse (zum Ausrollen)

Zuerst schlage ich das Eiweiß mit der gleichen Menge Zucker gut schaumig. Den restlichen Puderzucker schlage ich nach und nach unter. Wenn ein fester Eiweißschnee entstanden ist, stelle ich 300 g davon zur Seite. Wir brauchen ihn später zum Aufstreichen. Unter die restliche Eiweißmasse rühre ich nun den Marzipan bröckchenweise unter. Zum Schluss knete ich noch geriebene Haselnüsse, Zitronat, Zimt und Zitronenschale unter. Meine Zimtsternmasse rolle ich jetzt 8 mm dick aus. Damit es nicht anklebt, streue ich ein wenig geriebene Haselnüsse auf. Dafür kann man auch Puderzucker nehmen. Jetzt streiche ich die beiseitegestellte Eiweißmasse ganz dünn auf den Teig. Nun geht's ans Sterne-Ausstechen. Hierfür braucht man einen speziellen Zimtsternausstecher, dann geht das ganz einfach. Das Besondere an so einem Ausstecher: Man kann ihn aufklappen. So kann man die ausgestochenen Sterne einfach abnehmen und aufs Blech legen. Vor dem Ausstechen tauche ich den Ausstecher jeweils kurz in heißes Wasser, dann lösen sich die Sterne besser ab. Im vorgeheizten Ofen backe ich meine kleinen Kunstwerke bei 165° C etwa 6-7 Minuten. Wenn sie am Rand Farbe bekommen, sind die Zimtsterne fertig.

Tipp: Die Reste mit etwas geriebenen Haselnüssen zusammenkneten, noch einmal ausrollen, mit Eiweißglasur bestreichen und weitere Zimtsterne ausstechen. Oder aus dieser Masse kleine Kugeln formen. Jede Kugel mit einer getrockneten Cranberry oder einer kandierten Kirsche belegen und dann wie Zimtsterne backen.

Vanillekipferl

Jeder Konditor, jeder Hausmann und jede Hausfrau hat sein geheimes Geheimrezept, das niemandem verraten wird. Die einen geben in ihre Vanillekipferl nur Walnüsse, andere schwören auf leicht geröstete Haselnüsse. Manche mischen einfach Haselnüsse und Mandeln. Aber was auch immer drin ist in diesen Geheimrezepten, eine Zutat darf nicht fehlen: die Vanille – und hier darf man nur die beste verwenden.

Für meine Vanillekipferl nehme ich Haselnüsse. Damit sie ihr nussiges Aroma voll zur Geltung bringen können, müssen sie vorher zuerst geröstet werden. Ich finde mit Haselnüssen sind die Vanillekipferl viel aromatischer.

Zutaten für 80 Stück

200 g Butter
75 g Zucker
Mark einer Vanilleschote
abgeriebene Zitronenschale
Prise Zimt
Prise Salz
40 g Eigelb (2 Stück)
120 g geriebene und geröstete Haselnüsse
230 g Weizenmehl

Vanillepuderzucker:

Mark einer Vanilleschote mit Puderzucker mischen

Zuerst vermische ich Butter, Zucker, Vanille, Zitrone, Zimt und Salz. Nach und nach gebe ich vorsichtig die Eigelbe dazu. Wenn alle Eigelbe untergeknetet sind, füge ich geriebene Haselnüsse und Weizenmehl dazu und knete alles durch. Je nach Festigkeit muss

ich den Teig nun kalt stellen. Ich mache einfach eine Probe und versuche ein Vanillekipferl zu formen. Wenn der Teig noch zu weich ist zum Formen, muss er in den Kühlschrank. Ist er fest genug, wiege ich 6 g große Stückchen aus und forme daraus etwa 6 cm lange Vanillekipferl, die ich dann auf ein Blech mit Backpapier lege. Anschließend backe ich die Kipferl bei 175° C im vorgeheizten Ofen. Nach etwa 8-10 Minuten sind sie schön goldgelb. Ich lasse sie noch ein bis zwei Minuten anziehen und wälze sie dann noch warm in Vanillepuderzucker. Wenn die Vanillekipferl auseinanderbrechen, lasse ich sie noch ein bisschen stehen, denn sie sind noch zu heiß.

Bärentatzen

In meiner Lehrzeit war die Bärentatzenproduktion nicht gerade beliebt, musste man doch jedes Tätzchen extra in der Hand rund rollen, dann in Zucker wälzen und anschließend in die Bärentatzenform drücken. In der Weihnachtszeit war man so stundenlang beschäftigt. Wehe, man hatte zu wenig Zucker benutzt, dann klebten die Bärentatzen in der Holzform fest, man bekam einen Rüffel vom Meister und musste das Förmchen erst einmal wieder richtig sauber machen. Letztendlich ist der hohe Arbeitsaufwand auch der Grund dafür, warum in den Konditoreien diese Art der Bärentatzen leider kaum noch gebacken wird.

Zutaten für 65 Stück

300 g Puderzucker
260 g geriebene und geröstete Mandeln

190 g Marzipanrohmanne
60 g Kakaopulver
35 g Weizenmehl
12 g Honig
4 g Zimt
1 g Backpulver
90 g Eiweiß (3 Stück)

Einfach alle Zutaten zu einem Teig verkneten. Dann Stücke von 150 g abwiegen und daraus im Kristallzucker 20 cm lange Rollen formen. Jetzt 2 cm große Stücke abschneiden und runde Kugeln formen. Damit es nicht klebt, Kristallzucker verwenden. Die Kugeln in die Bärentatzenformen drücken und auf ein mit Backpapier ausgelegtes Blech legen. Bei 175° C etwa 8-10 Minuten backen. Wer will, kann die Bärentatzen noch in Kuvertüre tauchen oder sie mit Kuvertüre verzieren.

Kokosmakronen

Ich liebe Kokosmakronen, aber sie müssen schön weich und saftig sein. Leider werden die Kokosmakronen oft zu lange gebacken und damit praktisch ausgetrocknet. Deshalb meine wichtigste Regel: Wenn eine Kokosmakrone mal länger als 10 Minuten im Ofen ist und immer noch nicht genug Farbe hat, dann beim nächsten Mal die Backtemperatur etwas höher einstellen. Denn nach 7-8 Minuten sollten diese kleinen Exoten schon fertig sein.

Zutaten für 75 Stück

120 g Eiweiß (4 Stück)
160 g Zucker
70 g Quark

200 g Kokosraspel
50 g fein gehacktes Zitronat
5 g abgeriebene Zitronenschale
1 g Vanillezucker

Zuerst rühre ich das Eiweiß mit dem Zucker schaumig. Wenn das Eiweiß zu einem ganz festen Schnee geschlagen ist, hebe ich vorsichtig die restlichen Zutaten unter. Wichtig ist, dass der Eischnee gut fest ist. Wenn man mit einem Messer hineinschneidet, muss der Schnitt erhalten bleiben. Jetzt dressiere ich mit Hilfe eines Spritzbeutels und einer Sterntülle schöne Spitzen auf ein mit Backpapier ausgelegtes Blech. Vor dem Backen lasse ich meine Kokosmakronen noch eine halbe Stunde stehen, damit sie eine leichte Haut bekommen. Dann bei 170° C im vorgeheizten Ofen etwa 7-8 Minuten goldgelb backen.

Ochsenaugen

Mit diesem Namen hätten diese Plätzchen natürlich auch in die Kategorie kuriose Plätzchennamen gepasst. Aber letztendlich sind sie doch Klassiker. Hauptsächlich werden die Ochsenaugen jedoch nicht zu Hause gebacken, sondern die Profis haben dieses Gebäck fest im Griff oder besser gesagt im Backofen. Das liegt an der aufwändigen Herstellung, denn man muss zwei verschiedene Teige machen, zuerst einen Mürbteig und dann noch eine Makronenmasse. So kann man natürlich auch zu Hause arbeiten. Zuerst bereitet man sich seinen Mürbteig (Butterteig), macht daraus seine Butterplätzchen, Spitzbuben usw., dann rollt man gleich die Unterteile für die Ochsenaugen mit aus. Mit der Makronenmasse werden dann die Ochsenaugen vervollständigt. Zwei Teige – viele Plätzchen.

Zutaten für 30 Stück

Butterteig:

100 g Zucker
200 g Butter
2 g Vanillezucker
etwas abgeriebene Zitronenschale
20 g Eigelb (1 Stück)
50 g Eier (1 Stück)
300 g Weizenmehl
2 g Backpulver

Makronenmasse:

250 g Marzipanrohmasse
50 g Puderzucker
30 g Eiweiß (1 Stück)

1 TL Zitronensaft
etwas abgeriebene Zitronenschale

Füllung:
Himbeerkonfitüre

Dekor:
z. B. roter Pfeffer, halbe Pistazien, Belegkirschen

Zuerst verknete ich die Butter und den Zucker miteinander. Dann gebe ich meine Gewürze in die Zucker-Butter-Mischung. Nach und nach die Eier dazugeben. Zuletzt knete ich das Mehl, das ich zuvor mit dem Backpulver versiebt habe, kurz unter das Gemisch. Ich drücke den Teig schön flach, decke ihn ab und stelle ihn für etwa drei Stunden in den Kühlschrank. Wenn er fest genug ist, rolle ich ihn messerrückendick (2,5 mm) aus und steche runde Plätzchen oder Blumen von etwa 3,5 cm Durchmesser aus. Diese

Plätzchen lege ich auf ein Blech mit Backpapier. Aber ich backe die Plätzchen nur halb, d. h., wenn der Teig beginnt, etwas Farbe zu bekommen, nehme ich die Plätzchen heraus. Bei 175° C (Umluft) sind sie nach etwa 5 Minuten fertig.

Während sie auskühlen, bereite ich meine Makronenmasse zu. Hierfür verrühre ich einfach alle Zutaten gut miteinander. Anschließend spritze ich mit einem Spritzbeutel mit einer kleinen Sterntülle Ringe auf den Rand der Plätzchen. Dann backe ich die Ochsenaugen im vorgeheizten Ofen bei etwa 175° C (Umluft) 8-10 Minuten fertig. Anschließend fülle ich die Plätzchen mit der vorher glattgerührten Himbeerkonfitüre. Wer will, kann die Ochsenaugen noch mit rotem Pfeffer, Belegkirschen und / oder halben Pistazien verzieren.

Butter-S

Diesen Klassiker beanspruchen die Schwaben für sich. Natürlich heißen sie dort eigentlich Butter-Sle. Und ob ihr es glaubt oder nicht, ich habe natürlich auch das Originalrezept meiner Großmutter, oder war's doch das meines Großvaters? Auf alle Fälle ein Klassiker!

Zutaten für 50 Stück

150 g Butter (zimmerwarm)
150 Zucker
50 g Eier (1 Stück)
20 g Eigelbe (1 Stück)
etwas abgeriebene Zitronenschale
Mark einer halben Vanilleschote
eine Prise Salz
300 g Weizenmehl
3 g Backpulver

Eigelbstreiche:

20 g Eigelb (1 Stück)
10 g Milch
eine Prise Salz
eine Prise Zucker

Dekor:

Hagelzucker

Zuerst verknete ich Butter, Zucker und die Gewürze. Dann gebe ich Eier und Eigelbe nach und nach dazu. Zum Schluss knete ich das mit dem Backpulver versiebte Mehl kurz unter. Jetzt den

Teig einwickeln und drei Stunden kalt stellen. Dann nehme ich ein wenig Teig und rolle eine Schlange von etwa 1 cm Durchmesser. Damit es nicht klebt, nehme ich ein wenig Mehl. Ich schneide 10 cm lange Stücke ab und lege diese S-förmig auf ein mit Backpapier ausgelegtes Blech. So verfahre ich, bis der ganze Teig aufgebraucht ist. Nun verrühre ich alle Zutaten für die Eigelbstreiche und pinsele jedes Plätzchen damit an. Anschließend bestreue ich die Butter-S mit etwas Hagelzucker. Dann backe ich meine Plätzchen bei 180° C in 8-12 Minuten goldbraun.

Heiligenscheine

Dieses alte Klostergebäck wurde gern in der Vorweihnachtszeit von den Nonnen im Kloster gebacken.

Zutaten für 75 Stück

Butterteig:

100 g Zucker
200 g Butter
2 g Vanille
etwas abgeriebene Zitronenschale
20 g Eigelb (1 Stück)
50 g Ei (1 Stück)
300 g Weizenmehl
3 g Backpulver

Kokosmakronen:

90 g Eiweiß (3 Stück)
220 g Puderzucker
120 g Kokosraspel

15 g Quark
etwas abgeriebene Zitronenschale
20 g Kokosraspel zum Bestreuen

Für den Butterteig verknete ich zuerst die zimmerwarme Butter und den Zucker. Dann gebe ich die Vanille dazu und nach und nach die Eier. Zuletzt versiebe ich das Mehl mit dem Backpulver und knete es kurz unter das Gemisch. Jetzt muss mein Teig gut durchkühlen, deshalb wickle ich ihn in Folie ein und stelle ihn für mindestens 3 Stunden in den Kühlschrank. Am besten macht man den Teig am Vortag, dann ist er schön durchgekühlt. Wenn er fest geworden ist, rolle ich ihn messerrückendick (2,5 mm) aus und steche runde Plätzchen aus, man kann auch einen Blütenausstecher nehmen. In die Mitte kommt noch ein Loch. Die Plätzchen lege ich auf ein mit Backpapier ausgelegtes Backblech.

Jetzt mache ich die Kokosmakronen: Hierfür schlage ich das Eiweiß kurz an und schlage es dann mit der Hälfte des Puderzuckers zu einem festen Schnee. Dann kommt der restliche Puderzucker nach und nach dazu. Wenn ich einen festen steifen Eischnee habe, hebe ich vorsichtig Kokosraspel, Quark und Zitronenschale unter. Die Masse gebe ich in einen Spritzbeutel, mit einer 8 mm großen Lochtülle. Damit spitze ich schöne Kringel auf die ausgestochenen Plätzchen. Obendrauf streue ich noch ein paar Kokosflocken. Jetzt backe ich meine Heiligenscheine im vorgeheizten Ofen bei 175° C (Umluft) in 8-10 Minuten goldgelb.

Dachziegel

Auch so ein Klassiker, der immer mehr in Vergessenheit gerät. Dachziegel, Mandelbögen oder Mandelblätter, wie sie auch noch genannt werden, waren in den 80er Jahren ein Muss für jede Konditorei. Sie waren die Lieblingsplätzchen meines Vaters, deshalb hätte ich mich nie getraut, sie in der Weihnachtszeit nicht zu backen. Aber sie sind auch wirklich ein kulinarischer Hochgenuss.

Zutaten für 55 Stück

40 g Butter
200 g Puderzucker
200 g gehobelte Mandeln
etwas abgeriebene Zitronenschale
120 g Eiweiß (4 Stück)

30 g Weizenmehl
50 g getrocknete, fein gehackte Aprikosen

Zuerst löse ich die Butter auf, um sie dann mit allen anderen Zutaten zu vermischen. Etwa im Abstand von 4 cm setze ich mit einem Löffel kleine Häufchen auf ein mit Backpapier ausgelegtes Blech. Dann feuchte ich meine Hände an und drücke die Plätzchen schön flach. Sie sollen etwa 6 cm groß und länglich aussehen. Im vorgeheizten Ofen (Umluft) bei 175° C backe ich sie in etwa 8-12 Minuten schön goldgelb. Jetzt kommt der Trick, denn nach dem Backen hebe ich die kleinen Dachziegel noch heiß mit einem Teigschaber vom Backblech und lege sie auf einen Holzstiel. So bekommen die Plätzchen ihre typische Biegung. Jetzt muss ich sie nur noch auf dem Holzstiel ganz auskühlen lassen.

Spitzbuben

Für Spitzbuben gibt es viele Namen: Johannes-Plätzchen, Linzer Augen, Hildabrötchen, Hildaplätzchen, Hildabreedlen, Terrassenplätzchen.

Für die Johannes-Plätzchen gibt es sogar eine nette Entstehungsgeschichte. Der Bäckermeister Johannes von Redsburg hat während der Hungersnöte im Dreißigjährigen Krieg (1618-1648) ein süßes Brot gebacken, es mit Marmelade bestrichen und an die Notleidenden verteilt. Eine schöne Geschichte.

Wer diese Geschichte nicht glaubt, dem gefällt vielleicht die nächste:

Die Hildabrötchen wurden zu Ehren der Großherzogin von Baden, Prinzessin Hilda von Nassau, gebacken. Es sollen nicht nur ihre Lieblingsplätzchen gewesen sein, nein, sie soll die Hildabreedlen auch noch selbst gerne gebacken haben. Dass eine Großherzogin selbst gerne Plätzchen bäckt, das glaubt man natürlich sofort.

Zutaten für 30 Stück

100 g Zucker
200 g Butter
1 g Vanillezucker
etwas abgeriebene Zitronenschale
20 g Eigelb (1 Stück)
50 g Eier (1 Stück)
300 g Weizenmehl
2 g Backpulver
150 g Johannisbeermarmelade
Puderzucker zum Bestäuben

Zuerst verknete ich die Butter und den Zucker miteinander. Die Butter sollte Zimmertemperatur haben. Dann gebe ich Vanillezucker und Zitronenschale in die Zucker-Butter-Mischung. Nach und nach gebe ich Eier und Eigelbe dazu. Zuletzt knete ich das Mehl, das ich zuvor mit dem Backpulver versiebt habe, kurz unter das Gemisch. Den Teig drücke ich flach, decke ihn ab und stelle in für etwa drei Stunden in den Kühlschrank. Wenn er fest geworden ist, rolle ich den Butterteig messerrückendick (2,5 mm) aus. Anschließend steche ich kleine Plätzchen mit einem Blütenausstecher aus. Diese lege ich auf ein Blech mit Backpapier. Bei der Hälfte steche ich in der Mitte ein Loch hinein. Dann backe ich meine Plätzchen bei 175° C (Umluft) in 8-10 Minuten goldgelb. Wenn sie ausgekühlt sind, gebe ich auf die Unterteile einen Klecks Marmelade. (Wer keine Johannisbeermarmelade hat, kann natürlich auch seine Lieblingsmarmelade nehmen.) Die ausgestochenen Oberteile bestäube ich schön mit Puderzucker und lege sie dann auf die Unterteile.

Butterplätzchen

Butterplätzchen sind eigentlich ein einfaches Weihnachtsplätzchen, und doch kann man so viel falsch machen. Ein gutes Butterplätzchen muss fein, mürbe und schön buttrig schmecken. Ein bisschen Vanille und etwas Zitronenschale runden den Geschmack ab. Sie sollten jedoch nicht zu dominant sein. Eine Prise Salz kann man dazugeben, muss man aber nicht. Einfach ausprobieren.

Ich nehme auf alle Fälle am liebsten einen 1-2-3-Mürbteig für meine Butterplätzchen. Die Zahlen geben an, in welchem Verhältnis die Hauptzutaten Zucker, Butter und Mehl verwendet werden. Die erste Zahl ist der Zucker, die zweite Zahl gibt das Fett an, bei mir immer Butter, und die dritte Zahl die Mehlmenge. Kommen wir jetzt zu den Fehlern, die bei Mürbteigen am häufigsten gemacht werden:

1. Zu viel Zucker: Zucker macht einen Teig nicht nur süßer, sondern auch knuspriger. Desto mehr Zucker ich in meinen Teig gebe, desto härter und knuspriger ist er nach dem Backen.

2. Zu viel Mehl: Viele geben ihrem Teig Mehl zu, wenn er sich nicht ausrollen lässt. Das sollte man nicht machen, denn dann kann man den Teig zwar leichter ausrollen, aber nach dem Backen sind meine Plätzchen hart und trocken. Besser ist es, den Teig gut zu kühlen. Dann ist er fester und lässt sich wunderbar ausrollen.

Zutaten für 60 Stück

100 g Zucker
200 g Butter
2 g Vanillezucker
etwas abgeriebene Zitronenschale
20 g Eigelb (1 Stück)
50 g Eier (1 Stück)

300 g Weizenmehl
2 g Backpulver
Zimtzucker zum Bestreuen

Zuerst verknete ich die Butter und den Zucker miteinander. Die Butter sollte Zimmertemperatur haben. Dann gebe ich Vanillezucker und Zitronenschale in die Zucker-Butter-Mischung. Nach und nach gebe ich Eier und Eigelbe dazu. Zuletzt knete ich das Mehl, das ich zuvor mit dem Backpulver versiebt habe, kurz unter das Gemisch. Den Teig drücke ich flach, decke ihn ab und stelle ihn für etwa drei Stunden in den Kühlschrank. Wenn er fest geworden ist, rolle ich den Butterteig messerrückendick (2,5 mm) aus. Wer will, kann mit einem gemusterten Nudelholz ein Muster einrollen. Mir persönlich gefällt dies immer sehr. Anschließend steche ich kleine Plätzchen mit verschiedenen Ausstechern aus. Die Plätzchen lege ich auf ein mit Backpapier ausgelegtes Backblech. Anschließend wandern die kleinen Kunstwerke in den vorgeheizten Ofen, wo ich sie bei 175° C (Umluft) in 8-12 Minuten schön goldgelb backe. Solange sie noch heiß sind, bestreue ich sie mit Zimtzucker. Für den Zimtzucker nehme ich einfach Kristallzucker und würze ihn mit gemahlenem Zimt.

GANZ OHNE BACKOFEN

Für alle, die keine Lust auf Backen haben, aber trotzdem leckere Plätzchen machen wollen, ist dies genau das richtige Kapitel. Heute bleibt der Ofen kalt! Köstliche Plätzchen zu produzieren, ohne zu backen, ja, sogar das ist möglich.

Košnice aus Kroatien

Košnice heißen auf Deutsch Bienenkörbe und gehören in Kroatien auf jeden Plätzchenteller. Man macht sie mit Nüssen, Mohn oder Kokos. Auf alle Fälle sind sie sehr schön anzuschauen und schmecken einfach lecker. Die Herstellung ist ganz einfach, aber man braucht eine spezielle Form dafür. Bienenkörbchen heißt die Form, die es aus Holz oder Plastik gibt. Unter die Plätzchen kommt entweder ein kleines Butterplätzchen oder eine kleine Oblate.

Zutaten für 60 Stück

125 g Butter
100 g Zartbitterkuvertüre
150 g Aprikosenkonfitüre
150 g fein gemahlene Walnüsse
170 g fein geriebene Biskuitbrösel
60 kleine runde Oblaten oder kleine runde Plätzchen
Puderzucker

Zuerst löste ich Butter und Zartbitterkuvertüre im Wasserbad auf und verrühre die Masse mit allen anderen Zutaten. Jetzt muss die Masse kühl gestellt werden. Wenn sie fest geworden ist, nach

etwa einer halben Stunde, nehme ich etwas davon ab und forme zunächst eine kleine Kugel und dann einen spitzen Kegel. Damit ich mein Košnica später wieder aus der Form bekomme, wälze ich den Kegel im Puderzucker. Ich drücke jeden Kegel kräftig in die Bienenkorbform, klopfe dann die Košnice wieder aus der Form und setze sie jeweils auf eine Oblate oder ein Plätzchen. Wer will, kann die Košnice dann noch mit Puderzucker bestäuben.

Zedernbrot

Das Rezept für Zedernbrot habe ich aus meinem Lehrbetrieb mitgebracht. Als ich diese Plätzchen dann im elterlichen Betrieb einmal vor Weihnachten gemacht habe, sind sie sofort ins Standardprogramm gewandert. Die kleinen Halbmonde schauen auch einfach zu schön aus, und das Marzipan mit Zitronenaroma und Zitronat schmeckt einfach köstlich.

Zutaten für 65 Stück

420 g Marzipanrohmasse
125 g Puderzucker
65 g Zitronat
4 g abgeriebene Zitronenschale
16 g Zitronensaft

Zuckerglasur:

30 g Eiweiß (1 Stück)
150 g Puderzucker

Zuerst verknete ich Marzipan, Puderzucker, Zitronat, Zitronenschale und Zitronensaft zu einem glatten Teig. Anschließend rolle ich meinen Marzipanteig 1 cm dick aus. Damit er nicht anklebt, bestäube ich ihn von beiden Seiten mit Puderzucker. Diesen Teig lege ich auf ein Stück Backpapier. Anschließend verteile ich die Eiweißglasur auf dem Marzipanteig und streiche ihn mit einer

Winkelpalette schön glatt. Nun geht es ans Ausstechen. Ich nehme einen runden Ausstecher (Durchmesser 4,5 cm) und steche damit kleine Halbmonde aus. Damit die Monde nicht im Ausstecher kleben bleiben, tauche ich ihn immer wieder in Alkohol. Die fertigen Plätzchen lege ich auf ein mit Backpapier ausgelegtes Blech. Jetzt müssen die Plätzchen nur noch über Nacht antrocknen.

Tipp: Wenn Sie die Zuckerglasur weglassen und die Halbmonde dafür mit Zartbitterkuvertüre verzieren, dann sind sie vegan.

Zitronen-Marzipan-Sterne

Marzipan, Zitrone und Zitronat gehören einfach zusammen. Die Zitronenaromen schaffen einen Gegenpunkt zum süßen Marzipan und bewerkstelligen es so, ein stimmiges Plätzchen zu komponieren.

Zutaten für 35 Stück

300 g Marzipanrohmasse
50 g Puderzucker
5 g Rosenwasser
20 g fein gehacktes Zitronat
10 g Zitronensaft
etwas abgeriebene Zitronenschale
Zartbitterkuvertüre
kandierte Zitronenscheiben

Zuerst verknete ich Marzipan, Puderzucker, Rosenwasser, Zitronat, Zitronensaft und Zitronenschale. Dann rolle ich diese Marzipanmasse ca. 1 cm dick aus. Damit das Marzipan nicht anklebt, nehme ich etwas Puderzucker oder ich rolle es zwischen zwei

Folien aus. Jetzt steche ich Sterne aus und lege diese auf ein Blech mit Backpapier. Damit sie nicht am Ausstecher ankleben, tauche ich den Ausstecher in Alkohol. Anschließend temperiere ich die Zartbitterkuvertüre und gebe in die Mitte jedes Sternes einen kleinen Tupfen Schokolade. Auf diese Tupfen kommt nun ein Stückchen kandierte Zitronenscheibe oder eine Geleezitrone. Anschließend verziere ich den Rand der Sterne noch mit Kuvertüre.

Schwarz-Weiß-Konfekt (vegan)

Schokolade und Marzipan – das ist sozusagen eine Win-win-Situation. Kann es jemanden geben, der das nicht liebt?

Zutaten für 32 Stück

Masse 1 (hell):

400 g Marzipanrohmasse
60 g Puderzucker
etwas abgeriebene Zitronenschale

Masse 2 (dunkel):

400 g Marzipanrohmasse
16 g Kakaopulver
etwas Vanillezucker

Alkohol zum Bestreichen

Für Masse 1 verknete ich alle Zutaten miteinander. Für Masse 2 verfahre ich genauso. Zuerst rolle ich die helle Masse 3 mm dick aus. Es sollte ein schönes Quadrat ergeben. Damit es nicht anklebt, verwende ich etwas Puderzucker oder rolle den Teig zwischen zwei Folien aus. Die Kakaomasse rolle ich genauso groß aus. Dann scheide ich alles in 3 cm breite Streifen. Anschließend lege ich immer abwechselnd einen hellen und einen dunklen Streifen aufeinander. Damit sie zusammenkleben, bestreiche ich sie mit etwas Alkohol. Das mache ich so lange, bis sechs Lagen entstanden sind. Jetzt schneide ich die Streifen in ca. 3 cm lange Rauten. Zum Schluss wird mein Schwarz-Weiß-Konfekt nur noch mit Puderzucker bestäubt. Fertig ist ein veganer Leckerbissen.

Orangenkonfekt (vegan)

Eigentlich hätten die kleinen Orangenkonfektchen wunderbar in die Rubrik »schnelle Nummern« gepasst. Aber fast alle Plätzchen, für die ich keinen Backofen brauche, sind ja extra schnell gemacht. Deshalb sind auch die kleinen Orangenplätzchen eine prima Ergänzung für jede Plätzchenmischung.

Zutaten für 40 Stück

300 g Marzipanrohmasse
100 g fein gehacktes Orangeat
4 g (1 TL) fein abgeriebene Orangenschale
8 g (2 EL) Orangenlikör (z. B. Grand Marnier)
Kristallzucker zum Wälzen

Marzipan, Orangeat, Orangenschale und Orangenlikör verknete ich zu einem kompakten Teig. Daraus forme ich eine daumendicke Rolle und schneide 2 cm dicke Scheiben davon ab. Die

Scheiben wälze ich in Kristallzucker. Wer will, kann jetzt noch kleine Schokotupfen in die Mitte spritzen. Hierfür temperiere ich Zartbitterkuvertüre und fülle sie in ein kleines Spritztütchen.

Tipp: Geben Sie etwas abgeriebene Orangenschale in den Zucker zum Wälzen.

Nuss-Nougat-Täfelchen

Normalerweise röste ich meine Nüsse oder Mandeln im Backofen. Aber da in diesem Kapitel der Ofen ausgeschaltet bleibt, machen wir es wie die Fernsehköche und geben unsere Nüsse in eine Pfanne ohne Fett.

Zutaten für 80 Stück

50 g Haselnüsse
100 g gestiftelte Mandeln
50 g Pistazien
250 g Zartbitterkuvertüre
250 g Nussnougat
20 g Butter
40 runde Oblaten (90 mm)

Zuerst röste ich Haselnüsse, Mandeln und Pistazien. Wenn sie abgekühlt sind, dann hacke ich die Haselnüsse und die Pistazien grob. Anschließend löse ich die Zartbitterkuvertüre und das Nougat im Wasserbad auf. Dann nehme ich meine Mischung aus dem Wasserbad und rühre die Butter unter. Anschließend gebe ich die Nussmischung unter die Kuvertüre. Nun setze ich immer ein bis zwei Esslöffel davon auf eine Oblate. Mit einer zweiten Oblate wird das Ganze abgedeckt. So verfahre ich, bis die ganze Schokomasse aufgebraucht ist. Jetzt stelle ich die Täfelchen kalt und lasse sie anziehen. Damit sie schön gerade bleiben, lege ich sie zwischen zwei Holzbretter. Wenn die Schokolade fest geworden ist, schneide ich sie mit einem scharfen Messer in Viertel, so dass kleine dreieckige Täfelchen entstehen.

Dreimaster

Hier habe ich ein traditionelles Rezept herausgesucht, das ich in einem antiken Konditorfachbuch aus den 30er Jahren des letzten Jahrhunderts gefunden habe. Leider sind die kleinen Dreimaster ein wenig in Vergessenheit geraten. Das ist wirklich schade. Damit das nicht so bleibt, habe ich sie ein wenig modernisiert. Man rollt einfach so viel Marzipan aus, wie man Lust hat. Wer will, kann die kleinen Dreimaster natürlich auch mit anderen kandierten oder getrockneten Früchten füllen.

Zutaten

Marzipanrohmasse
Puderzucker
kandierte Ananas
rote Belegkirschen
dunkle Kuvertüre

Zuerst rolle ich mir etwas Marzipan aus. Es sollte etwa 2,5 mm dick sein. Damit es nicht anklebt, bestäube ich es mit etwas Puderzucker. Dann steche ich mit einem runden Ausstecher Plätzchen im Durchmesser von etwa 5 cm aus. In die Mitte eines jeden Plätzchens gebe ich kleingehackte kandierte Ananas. Wer will, kann natürlich auch eine andere Dickzucker- oder Trockenfrucht verwenden. Nun schlage ich das Marzipan an drei Seiten nach

oben. Bevor ich die Dreimaster mit temperierter Kuvertüre überziehe, lasse ich sie noch über Nacht etwas antrocknen. Am nächsten Tag pinsle ich zuerst den Boden mit temperierter Kuvertüre an, um die Dreimaster dann mit Hilfe einer Pralinengabel zu überziehen. Die überzogenen Plätzchen setze ich auf ein Stück Backpapier und lege in die Mitte noch ein Stückchen Ananas oder ein kleines Stückchen kandierte Kirsche, damit die kleinen Dreimästchen auch hübsch anzusehen sind.

Mokka-Nuss-Fudge

Fudge ist im Prinzip ein weicher Sahne-Karamell. Er stammt ursprünglich aus dem englisch-amerikanischen Raum. Die Grundzutaten sind Sahne oder Milch, Zucker und Butter. Diese werden zusammen gekocht. Hierfür ist es gut, wenn man ein sogenanntes Zuckerthermometer hat, das ist ein Thermometer, das auch Temperaturen über 100° C anzeigt. Denn die Temperatur meines

Sahne-Butter-Zuckergemisches bestimmt die Festigkeit des fertigen Fudge. Je höher die Kochtemperatur, desto fester ist später der Sahne-Karamell. Die Grundzutaten und den Kochvorgang haben wir jetzt geklärt. Dann können wir uns auf das Wichtigste konzentrieren, nämlich die restlichen Zutaten, und hier kennt unsere Fantasie fast keine Grenzen. Ich kann meinen Fudge mit allen möglichen Gewürzen aromatisieren, z. B. Vanille, Tonkabohne, Kardamom usw. Oder ich kann meinen Fudge mit gerösteten Nüssen oder Mandeln aufpeppen. Auch Trockenfrüchte wie Rosinen, Feigen, Aprikosen usw. passen gut dazu. Für Erwachsene darf man ruhig auch mit Alkohol arbeiten, z. B. Rum, Whiskey oder Orangenlikör.

Zutaten für 110 Stück

250 g Butter
700 g Sahne
700 g Zucker

200 g Honig
100 g Glukose
2 EL lösliches Kaffeepulver (6 g)
2 EL Kakaopulver (25 g)
120 g geröstete und gehackte Haselnüsse
Folie zum Auskleiden der Form

Butter, Sahne, Zucker, Honig, Kaffee, Kakao und Glukose lasse ich aufkochen. Nun muss die Masse kochen, bis sie 116° C erreicht hat. Anschließend lasse ich die Masse 10 Minuten abkühlen. Dann rühre ich sie mit einem Rührbesen kräftig durch. Ich rühre so lange, bis die Masse andickt. Dann kommen die Nüsse dazu. Ich rühre noch ein wenig weiter und gieße die Masse dann in eine Reine, die ich vorher mit Folie ausgelegt habe. Den Fudge lasse ich abkühlen und schneide dann kleine Quadrate (2,5 × 2,5 cm). Anschließend setze ich jedes Konfekt in eine kleine Pralinenkapsel.

Kirsch-Prinzessinnen

Kann man hier noch von einem Plätzchen sprechen? Eigentlich ist es fast schon eine Praline.

Zutaten für 90 Stück

125 g Zucker
125 g gehobelte Mandeln
140 gehackte getrocknete Sauerkirschen
350 g Milchkuvertüre

Zuerst röste ich die Mandeln schön goldbraun und stelle sie beiseite. Dann lasse ich den Zucker hellbraun karamellisieren. Wenn der Zucker eine schöne goldbraune Farbe hat, nehme ich die

Pfanne vom Herd und rühre die Mandeln unter. Jetzt kippe ich die Krokantmasse auf ein Backpapier. Dabei muss ich sehr vorsichtig sein, denn am heißen Karamell kann man sich ziemlich verbrennen. Ich lege ein Stück Backpapier darauf, um dann mit einem Nudelholz meinen Krokant so dünn wie möglich auszurollen. Wenn der Krokant ausgekühlt ist, hacke ich ihn grob und mische die Sauerkirschen unter. Jetzt temperiere ich die Milchkuvertüre. Dann nehme ich ein wenig vom Krokantgemisch und rühre etwas Milchkuvertüre unter. Anschließend setze ich mit einem kleinen Löffel kleine Häufchen auf ein Stück Backpapier. So verfahre ich, bis der ganze Krokant aufgebraucht ist. Man kann natürlich auch Zartbitterkuvertüre oder weiße Kuvertüre nehmen oder halb und halb oder …

Marzipan-Krokant-Stäbchen

Krokant geht einfach immer, da kommt sofort die Erinnerung an den Rummelplatz und die gebrannten Mandeln hoch. Ich jedenfalls kann an einem Stand mit gebrannten Mandeln nicht so ohne Weiteres vorbeigehen. Krokant selber herzustellen ist eigentlich ganz einfach, und wie das geht, beschreibe ich im Rezept für die Kirsch-Prinzessinnen.

Zutaten für 45 Stück

200 g Marzipanrohmasse
80 g fein gehacktes Krokant
½ TL Zimt (1 g)
ca. 150 g Zartbitterkuvertüre zum Überziehen

Zuerst verknete ich Marzipanrohmasse, Krokant und Zimt miteinander. Dann rolle ich diese Masse 1 cm dick aus. Am einfachsten geht das zwischen zwei Folien. Aus dieser Platte schneide ich 4 × 1 cm große Stäbchen. Die Reste knete ich wieder zusammen und rolle die Masse noch einmal aus. Am besten lässt man die Stäbchen über Nacht stehen. So bekommen sie eine leichte Haut und man kann sie besser in die Kuvertüre tauchen. Also am nächsten Tag die Kuvertüre temperieren und die Stäbchen jeweils mit der Spitze in die Schokolade tauchen. Sauber abstreifen und auf ein Stück Backpapier legen.

Marzipankartoffeln mit Ingwerfüllung

Eigentlich sind Marzipankartoffeln ein Klassiker in unserer Weihnachtsbäckerei. Aber ich habe mir gedacht, ein bisschen aufpeppen könnte man dieses traditionelle Rezept dann doch. Also fülle ich meine Kartoffeln mit Ingwer. Man kann natürlich den Ingwer weglassen und hat dann die klassische Marzipankartoffel. Aber man kann auch noch andere Füllungen ausprobieren, z. B. ein Stückchen geröstete Nuss oder ein Häppchen von einer Trockenfrucht. Lasst eurer Fantasie freien Lauf und schon habt ihr euer ganz individuell gestaltetes Kartöffelchen kreiert.

Zutaten für 35 Stück

50 g kandierter Ingwer
200 g Marzipanrohmasse
50 g Puderzucker
20 g Kakaopulver

Zuerst schneide ich den kandierten Ingwer in 1 cm große Würfel und stelle sie beiseite. Nun verknete ich die Marzipanrohmasse

mit dem Puderzucker. Anschließend forme ich eine etwa 2 cm dicke Rolle und schneide sie in Scheiben. Auf jede Scheibe lege ich einen Ingwerwürfel. Dann ziehe ich die Marzipanmasse über dem Ingwerwürfel zusammen und forme daraus eine kleine Kartoffel. So verfahre ich, bis das Marzipan aufgebraucht ist. Dann gebe ich etwas Kakao in ein frisches Küchenhandtuch, füge einige Marzipankartoffeln dazu und rolle sie so lange im Handtuch, bis sie eine schöne braune Kartoffelfarbe angenommen haben.

Gefüllte Datteln

Hier lässt der Orient grüßen. Nicht nur stammen viele Gewürze unserer Weihnachtsplätzchen aus den arabischen Ländern, auch zahlreiche Rohstoffe wie Marzipan, Feigen und Datteln kommen von dort.

Zutaten für 40 Stück

40 getrocknete Datteln
400 g Marzipanrohmasse
500 g Zartbitterkuvertüre
Puderzucker oder Kakaopulver

Zuerst schneide ich die Datteln an der Seite ein. Sollten sie noch einen Kern haben, entferne ich ihn. Jetzt nehme ich ein wenig Marzipan und fülle meine Dattel damit. Anschließend drücke ich meine Dattel zusammen. Wenn ich alle Datteln so gefüllt habe, temperiere ich etwas Zartbitterkuvertüre und tauche die Datteln in die Kuvertüre. Anschließend wälze ich meine orientalischen Süßigkeiten in Puderzucker oder Kakaopulver.

Tipp: Schmeckt auch mit getrockneten Pflaumen sehr gut!

Kalte Hündchen

Viele erinnern sich vielleicht noch an ihre Kindergeburtstage und den dort gerne servierten Kalten Hund. Er ist auch unter dem Namen Schwarzer Peter, Kalter Igel, Wandsbeker Speck, Eishundkuchen, Kalte Schnauze, Kellerkuchen oder Lukullus bekannt. Für diesen Kuchen wurden Kekse schichtweise mit einer Kakao-Kokosfett-Masse in eine rechteckige Form gefüllt. Wenn er fest geworden war, musste man ihn nur noch aus der Form stürzen. Wahrscheinlich war der Kuchen deshalb so beliebt, weil er so einfach und schnell herzustellen war. Diesen Kuchen kann man jedoch auch als Plätzchen machen, und das ganz ohne Backofen.

Zutaten für 55 Stück

100 g Vollmilchkuvertüre
100 g Zartbitterkuvertüre

100 g Nussnougat
50 g Butter
50 g Plätzchenreste
Backoblaten (Durchmesser 4 cm)
Zartbitterkuvertüre zum Verzieren

Zuerst löse ich Vollmilchkuvertüre, Zartbitterkuvertüre und Nougat im Wasserbad auf. Dann gebe ich die Butter bröckchenweise dazu. Wenn die Butter aufgelöst ist, rühre ich die Plätzchenbrösel unter. Jetzt gebe ich ein Löffelchen voll von dieser Masse auf eine Oblate und verstreiche sie. Lege eine zweite Oblate drauf, dann wieder etwas Masse und wieder eine Oblate. Dann mache ich das nächste Plätzchen genauso. Wenn die ganze Schokomasse aufgebraucht ist, fülle ich etwas temperierte Zartbitterkuvertüre in ein Tütchen und verziere damit die Kalten Hündchen.

PROMINENTE PLÄTZCHEN

In diesem Kapitel widme ich mich solchen Plätzchen, die mit prominenten Personen in Verbindung gebracht werden. Ich backe die Lieblingsplätzchen eines Literatur-Nobelpreisträgers nach. Goethe kommt zu Wort. Schillers Mutter darf ihr Plätzchenrezept verraten. Märchen sorgen für Gerechtigkeit. Sogar Michelle Obama versucht sich am Cookieteig. Und für unsere ehemalige Bundeskanzlerin backe ich natürlich Rauten.

Merkelrauten

Ich hatte unsere ehemalige Bundeskanzlerin vor vielen Jahren angeschrieben mit der Bitte, dass sie mir ihre Lieblingssüßspeise verraten möge. Damals bekam ich die Antwort, dass Frau Merkel keine Süßigkeiten mag. Natürlich war ich enttäuscht. Aber ich habe mir erlaubt, Frau Merkel ein kleines Denkmal in Plätzchenform zu setzen. Natürlich gibt es für dieses Plätzchen nur eine Form: Es muss eine Raute sein.

Zutaten für 40 Stück

135 g fein gemahlene und geröstete Haselnüsse
80 g Marzipanrohmasse
60 g Puderzucker
30 g Honig
30 g Eiweiß (1 Stück)
20 g fein gehacktes Orangeat
25 g fein gehackte getrocknete Sauerkirschen

3 g Kardamom
4 g abgeriebene Orangenschale

Zum Verzieren:
Zartbitterkuvertüre
Geleekirschen, getrocknete Aprikosen, Pistazien

Zuerst verknete ich alle Zutaten zu einem glatten Teig. Diesen rolle ich dann zwischen zwei Folien 10 mm dick aus. Dann packe ich den Teig für eine Stunde ins Gefrierfach, damit er schön fest wird. Anschließend schneide ich ihn zuerst in 2,5 cm breite Streifen und diese dann in Rauten. Die ausgeschnittenen Plätzchen lege ich auf ein mit Backpapier ausgelegtes Blech. Etwa eine halbe Stunde lasse ich die Plätzchen stehen, damit sie ein wenig antrocknen können. Bei 175° C (Umluft) backe ich sie im vorgeheizten Ofen in 8-12 Minuten schön goldgelb. Wenn sie ausgekühlt sind, überziehe ich sie mit temperierter Zartbitterkuvertüre: Ich nehme eine Pralinengabel und tauche jede Raute einzeln in die Schokolade. Bevor die Kuvertüre anzieht, belege ich sie jeweils mit einer Geleekirsche, einem getrockneten Aprikosenstückchen und einer halbierten Pistazie.

»Sinful Christmas Cookies«: sündige Weihnachtsplätzchen

Dies sollen die Lieblingsplätzchen des Literatur-Nobelpreisträgers Sinclair Lewis gewesen sein. Wenn es schon nobelpreiswürdige Plätzchen gibt, dann dürfen sie natürlich in meinem Plätzchenbuch nicht fehlen. Den besonderen Twist bekommen sie natürlich durch den Bourbon-Whiskey. Vielleicht war das ja der Grund, warum es Sinclairs Lieblingsplätzchen waren. Jedenfalls kann man sich gut vorstellen, wie Sinclair Lewis abends nach dem Essen genüsslich einen Bourbon trinkt. Und wer jedoch bei den Plätzchen auf Alkohol verzichten möchte, der lässt ihn einfach weg.

Zutaten für 50 Stück

60 g gehackte Mandeln
100 g Butter
1 g Vanille
1 Prise Salz
110 g Zucker
50 g Ei (1 Stück)
1 EL Bourbon-Whiskey
140 g Weizenmehl (Type 550)
2 g Backpulver
15 g Kakaopulver

Zuerst röste ich die Mandeln goldgelb. Dann wärme ich die Butter ein wenig an, damit sie schön weich ist. Zusammen mit Vanille, Salz und Zucker rühre ich die Butter cremig. Jetzt kommen nach und nach das Ei und der Whiskey dazu. Zum Schluss siebe ich Mehl, Backpulver und Kakaopulver darüber und rühre alles zusammen mit den Mandeln kurz unter. Nun gebe ich kleine Häufchen auf ein mit Backpapier ausgelegtes Backblech. Die sündigen Plätzchen backe ich 8-12 Minuten im vorgeheizten Ofen bei 175° C (Umluft), und zwar so lange, bis sie sich auf dem Blech leicht verschieben lassen.

Butterblümchen, die Lieblingsplätzchen von Papst Benedikt XVI.

Sozusagen himmlische Plätzchen hat da die Haushälterin seines Bruders für den aus Bayern stammenden Papst gebacken. Einer

großen deutschen Zeitung hat sie dann auch das Rezept verraten. Einfach und ohne Schnickschnack kommen diese Plätzchen daher. Bei manchen Rezepten weiß man sofort, dass sie einfach gut schmecken müssen.

Zutaten für 110 Stück

185 g Butter
90 g Zucker
60 g Eigelb (3 Stück)
300 g Weizenmehl
Zimtzucker

Zuerst rühre ich Butter und Zucker etwas cremig. Dann gebe ich die Eigelbe nach und nach dazu. Zum Schluss rühre ich nur noch das Mehl kurz unter. Anschließend wickle ich meinen Teig in Folie ein und stelle ihn kalt. Wenn er gut durchgekühlt ist, nach etwa drei Stunden, rolle ich ihn schön dünn aus, etwa messerrückendick (2,5 mm) und steche dann kleine Blümchen aus. Die Blümchen lege ich auf ein mit Backpapier ausgelegtes Blech. Anschließend werden die Papst-Benedikt-Plätzchen bei 175° C (Umluft) in 8-10 Minuten goldgelb gebacken. Solange sie noch warm sind, werden sie in Zucker gewälzt, den ich mit ein wenig Zimt aromatisiert habe.

Frankfurter Brenten

Frankfurter Brenten sollen das Lieblingsgebäck von Goethe gewesen sein. Seine Mutter hat sie immer für ihn gebacken, und auch Eduard Mörike müssen sie sehr gemundet haben, schließlich hat er zu Ehren der Frankfurter Brenten ein Gedicht verfasst:

FRANKFURTER BRENTEN

Mandeln erstlich, rat' ich dir,
Nimm drei Pfunde, besser vier
(Im Verhältnis nach Belieben);
Diese werden nun gestoßen
Und mit ordinärem Rosen-
Wasser feinstens abgerieben.
Je aufs Pfund Mandeln akkurat
Drei Vierling Zucker ohne Gnad'.
Denselben in den Mörsel bring',
Hierauf ihn durch ein Haarsieb schwing!
Von deinen irdenen Gefäßen
Sollst du mir dann ein Ding erlesen, –
Was man sonst eine Kachel nennt;
Doch sei sie neu zu diesem End'!

Drein füllen wir den ganzen Plunder
Und legen frische Kohlen unter.
Jetzt rühr' und rühr' ohn' Unterlaß,
Bis sich verdicken will die Mass',
Und rührst du eine Stunde voll:
Am eingetauchten Finger soll
Das Kleinste nicht mehr hängen bleiben;
So lange müssen wir es treiben.
Nun aber bringe das Gebrodel
In eine Schüssel (der Poet,
Weil ihm der Reim vor allem geht,
Will schlechterdings hier einen Model,
Indes der Koch auf ersterer besteht.)
Darinne drück's zusammen gut;
Und so hat es über Nacht geruht,
Sollst du's durchkneten Stück für Stück,
Auswellen messerrückendick
Je weniger Mehl du streuest (ein,
Um desto besser wird es sein).
Als dann in Formen sei's geprägt,
Wie man bei Weingebacknem pflegt;
Zuletzt, – das wird der Sache frommen –
Den Bäcker scharf in Pflicht genommen,
Daß sie schön gelb vom Ofen kommen!

Eduard Mörike

Zutaten für 25 Stück

500 g Marzipanrohmasse
50 g Puderzucker
10 g Rosenwasser
etwas abgeriebene Zitronenschale

Ich verknete einfach alle Zutaten miteinander. Dann rolle ich die Marzipanmasse 10 mm dick aus. Damit es nicht klebt, bestäube ich den Teig von beiden Seiten mit Puderzucker. Jetzt nehme ich ein Holzmodel, bestäube ihn mit Puderzucker und drücke ihn fest auf das ausgerollte Marzipan, damit man später die Konturen erkennen kann. Dann ziehe ich den Model ab und schneide die Brenten in Form des Abdruckes aus. Die fertigen Brenten lege ich auf ein Blech mit Backpapier und lasse die kleinen Kunstwerke über Nacht antrocknen. Am nächsten Tag backe ich sie im heißen Ofen bei ca. 210° C nur mit Oberhitze etwa 5 Minuten. Sie sollen nur oben etwas Farbe bekommen. Wenn ich einen Bunsenbrenner zur Hand habe, flämme ich sie einfach nur oben etwas ab.

Sigmar-Polke-Kekse

Ist Backen Kunst? Natürlich ist Backen Kunst. Kann man Kunstwerke backen? Ja, auch das habe ich schon gemacht. Sind Kekse Kunst? Hätte man Sigmar Polke gefragt, dann hätte er natürlich mit ja geantwortet. Noch schöner ist es, wenn man Kunstwerke nachbacken kann, und das habe ich mit dem Bild »Kekse« von Sigmar Polke gemacht. Das Bild ist 1964 entstanden und eigentlich durchdrungen von Ironie. Es hätte Polke sicher gefallen, dass ich sein Kunstwerk zum Ursprung zurückführe und es wieder zu einem handwerklichen Kunstwerk mache. Dem kann ich nichts mehr hinzufügen. Obwohl: Seine Kunst ist es zu malen, und meine Kunst ist es zu backen. In diesem Sinne rasch ans Werk.

Hier gibt es kein Rezept. Schließlich sind wir künstlerisch am Werk. Also besorge ich mir als Erstes dünne Waffeln aus dem Supermarkt. Aber bitte niemandem weitersagen. Ich bestreiche die

Waffeln mit weißer Kuvertüre. Dann wärme ich etwas Nougat an und trage es mit einem Spritzbeutel schön dick auf die Hälfte der Waffeln auf. Die restlichen Waffeln drücke ich oben auf das Nougat. Jetzt muss das Nougat erst einmal fest werden. Dann schneide ich meine kleinen Waffeln mit einem scharfen Messer in kleine Quadrate. Fertig sind die Kekskunstwerke. Jetzt noch drei auf einem neutralen Hintergrund drapiert und fotografiert, und schon ist unser Kunstwerk fertig. Backen ist Kunst!

Krause Jäger-Schnitten von Schillers Mutter

Dieses Rezept wird der Mutter von Friedrich Schiller zugeschrieben. Vielleicht waren es sogar die Lieblingsplätzchen des berühmten Dichters. Hier jedenfalls das Originalrezept von Frau Schiller:

> Es werden 4 Eyweiß zu Schaum geschlagen,
> ein halb Pf Zucker
> und ein halb Pf gestoßene Mandeln darein gerührt
> geschnittene Citronen citronat Zimmt Nägeln […] geschnitten,
> wohl untereinander gemacht,
> jedes Makronen Deil,
> auf Oblaten gestrichen,
> fingersbreit Nüdlein
> daraus geschnitten
> und in einem nicht so heißen Ofen gebacken.

Ich habe das Rezept modernisiert, da es mir nach meinem ersten Backversuch so gar nicht gefallen hat:

Zutaten für 88 Stück

60 g Eiweiß (2 Stück)
140 g Zucker
140 g fein gemahlene Mandeln
etwas abgeriebene Zitronenschale
60 g fein gehacktes Zitronat
1 g gemahlener Zimt
0,5 g Nelken
1 g Kardamom
eckige Oblaten

Dekor:

15 g gehobelte Mandeln
15 g grob gehackte Pistazien

Als Erstes muss ich die Oblaten vorbereiten. Ich nehme eckige Oblaten und schneide sie in fingerbreite (1,5 cm) und 5 cm lange

Rechtecke. Die so vorbereiteten Streifen lege ich auf ein mit Backpapier ausgelegtes Backblech. Jetzt schlage ich das Eiweiß mit der Hälfte des Zuckers zu einem steifen Eischnee. Der restliche Zucker kommt nach und nach dazu. Wenn ich einen schönen steifen Eischnee habe, hebe ich die restlichen Zutaten vorsichtig unter. Dann gebe ich die Masse in einen Spritzbeutel mit einer 10 mm großen Lochtülle und spritze einen schönen Strang auf meine vorbereiteten Oblatenstreifen. Dann bestreue ich die Hälfte der Plätzchen mit gehobelten Mandeln und den Rest mit grob gehackten Pistazien. Anschließend müssen die »Krausen Jäger-Schnitten« nur noch im vorgeheizten Ofen bei 175° C (Umluft) etwa 8-10 Minuten ausharren.

Wie im Märchen: Sterntaler

Wer kennt nicht das Märchen vom Sterntaler? Es geht um ein armes Mädchen, das nichts besitzt außer einem Stück Brot und den Kleidern, die es am Leib trägt. Aus Mitleid verteilt es nach und nach das Brot und seine Kleider an noch Bedürftigere. Als es schließlich nachts frierend unter einem Baum steht, fallen plötzlich die Sterne vom Himmel und verwandeln sich in Silbertaler. Und wie es so in Märchen ist, lebt sie fortan reich und glücklich.

Zutaten für 90 Stück

Butterteig:

100 g Zucker
200 g Butter
2 g Vanille
etwas abgeriebene Zitronenschale
20 g Eigelb (1 Stück)

50 g Eier (1 Stück)
300 g Weizenmehl
2 g Backpulver

Marzipanmasse:

320 g Marzipanrohmasse
75 g Puderzucker

Füllung:

150 g Nougat
30 g Zartbitterkuvertüre

Zartbitterkuvertüre zum Tauchen
20 g gehackte Pistazien

Zuerst verknete ich Butter, Zucker, Vanille, Zitronenschale. Eigelbe und Ei knete ich nach und nach unter. Ich versiebe Mehl und Backpulver und knete es unter die Butter-Zucker-Masse. Dann packe ich den Butterteig in Folie und stelle ihn für drei Stunden in den Kühlschrank. Wenn mein Teig schön durchgekühlt ist, rolle ich ihn 2,5 mm dick aus und steche mit einem runden Ausstecher Taler aus. Die Taler lege ich auf ein mit Backpapier ausgelegtes Backblech. Bei 175° C (Umluft) backe ich die Plätzchen in 8-12 Minuten schön goldgelb. Während die Plätzchen auskühlen, verknete ich das Marzipan und den Puderzucker. Dann rolle ich das Marzipan 3 mm dick aus. Damit es nicht anklebt, verwende ich etwas Puderzucker. Anschließend steche ich Sterne aus, aber sie dürfen nicht größer sein als meine runden Plätzchen, sonst besteht die Gefahr, dass die Spitzen der Sterne abbrechen. Die Sternchen lege ich auf ein Stück Backpapier. Nun temperiere ich meine Kuvertüre. Dann tauche ich jedes Sternchen in die Kuvertüre und lege es zurück auf das Backpapier. Zum Eintauchen verwende ich eine Pralinengabel. Bevor die Kuvertüre fest wird, bestreue ich jeden Stern mit ein wenig gehackten Pistazien. Zum guten Schluss verrühre ich das Nougat mit der Zartbitterkuvertüre, die ich vorher aufgelöst habe. Dann gebe ich auf jedes runde Plätzchen einen Tupfen Nougat und lege darauf ein Sternchen. Fertig sind meine märchenhaften Sterntaler.

Michelle Obamas White and Dark Chocolate Chip Cookies

Immer vor den Präsidentschaftswahlen in den USA bittet ein amerikanisches Frauenmagazin die Ehefrauen der Kandidaten, ihr Lieblingsplätzchenrezept zu verraten. Dann können die Leser*innen abstimmen, welches Plätzchen ihnen am besten gefallen hat.

Meistens gewann dann der Kandidat die Wahl, dessen Gattin die besten Plätzchen gebacken hatte. Ich habe natürlich jedes Mal die Plätzchen nachgebacken.

Zutaten für 120 Stück

300 g Butter
130 g Zucker
130 g brauner Zucker
1 Prise Salz
Mark einer halben Vanilleschote
100 g Eier (2 Stück)
375 g Weizenmehl
4 g Backpulver
180 g weiße Schokoladenchips
180 g Zartbitterschokoladenchips
180 g Minz-Schokoladenchips
250 g gehackte Walnüsse

Zuerst wärme ich die Butter etwas an, um sie dann mit Zucker, braunem Zucker, Salz und Vanille leicht cremig zu rühren. Die Eier gebe ich nach und nach dazu. Dann versiebe ich das Mehl mit dem Backpulver und rühre es kurz unter. Zum Schluss knete ich die Schokochips und die Walnüsse unter. Die Minz-Schokoladenchips habe ich vorher klein gehackt. Jetzt forme ich mit den Händen kleine Plätzchen und lege sie auf ein mit Backpapier ausgelegtes Blech. Dann drücke ich die Plätzchen etwas flach. Anschließend kommen sie in den vorgeheizten Ofen. Bei 175° C (Umluft) backe ich sie in etwa 10-14 Minuten goldgelb.

SCHNELLE NUMMERN!

In unserer hektischen Zeit hat leider niemand mehr Zeit für irgendwas. Erst recht nicht zum Plätzchenbacken. Aber das ist natürlich sehr, sehr schade, denn gerade beim Backen könnte man seine innere Ruhe wiederfinden. Wenn man mal nicht genug Zeit dafür hat, dann ist es Zeit für meine schnellen Nummern. Schnell gemacht, unkompliziert, einfach und trotzdem schmackhaft.

Pariser Makronen (vegan)

Pariser Makronen sind ein Klassiker! Normalerweise wird hier Marzipan mit Eiern oder Eigelben vermengt, und dann werden die verschiedensten Formen auf ein Stück Backpapier aufgespritzt. Anschließend werden die kleinen Plätzchen mit Zuckerfrüchten und Nüssen verziert. Ich habe mich jedoch für eine moderne vegane Version entschieden und die Eier einfach durch Konfitüre und Orangensaft ersetzt.

Zutaten für 60 Stück

400 g Marzipanrohmasse
4 g abgeriebene Orangenschale
40 g Aprikosenkonfitüre
50 g Orangensaft
halbe Mandeln und Geleekirschen als Dekor

Zuerst verknete ich Marzipan, Orangenschale und Aprikosenkonfitüre. Den Orangensaft rühre ich dann nach und nach unter. Mit einem Spritzbeutel mit einer kleinen Sterntülle spritze ich dann

Bärentatzen und Rosetten auf ein mit Backpapier ausgelegtes Blech. Jetzt belege ich eine Hälfte mit einer Mandel und die andere Hälfte mit einer halben Geleekirsche. Bei 230° C (Umluft) werden meine Pariser Makronen dann mehr abgeflämmt als gebacken. Wenn sie oben eine schöne Farbe bekommen haben, hole ich sie sofort aus dem Ofen. Das dauert so 3-5 Minuten.

Jelänger-Jelieber

Angeblich soll der Name für dieses Plätzchen davon kommen, dass sie umso besser schmecken, je länger man sie aufbewahrt. Aber so weit kommt es nicht, denn diese Plätzchen schmecken so lecker, dass sie nie länger liegen bleiben. Das Besondere an ihnen ist, dass sie in gehackten Mandeln gewälzt werden. Dadurch bekommen sie ihren speziellen Drive.

Bei vielen Rezepten wird die Marmelade vor dem Backen in die

Mulde gegeben. Ich fülle meine Jelänger-Jelieber jedoch erst nach dem Backen. Das hat zwei gravierende Vorteile: Erstens läuft die Konfitüre während des Backens nicht aus und zweitens wird die Konfitüre durch das Backen gern zäh, weil einiges an Flüssigkeit während des Backvorgangs verdampft.

Zutaten für 60 Stück

70 g Butterschmalz (zimmerwarm)
70 g Butter (zimmerwarm)
70 g Zucker
2 g abgeriebene Zitronenschale
60 g Eigelb (3 Stück)
210 g Weizenmehl (Type 550)
100 g gehackte Mandeln
160 g Himbeerkonfitüre

Zuerst verknete ich Butterschmalz, Butter, Zucker und abgeriebene Zitronenschale. Die Eigelbe knete ich nach und nach unter, zum Schluss ganz kurz das Weizenmehl. Dann forme ich aus dem Teig 8 g schwere Kugeln. Ich wälze die Kugeln in den gehackten Mandeln und lege sie dann auf ein mit Backpapier ausgelegtes Blech. Ich drücke sie etwas flach und mache mit einem Kochlöffelstiel eine Mulde in die Mitte. Im vorgeheizten Ofen backe ich meine Jelänger-Jelieber-Plätzchen bei 180° C (Umluft) in 8-10 Minuten goldgelb. Nach dem Backen fülle ich in jede Mulde einen Klecks Himbeerkonfitüre. Wer will, kann die kleinen Plätzchen noch mit Puderzucker bestäuben.

Hafermakronen

Haferplätzchen haben sich bisher beim Weihnachtsgebäck noch nicht durchsetzen können. Vielleicht weil sie immer das Image aufgedrückt bekommen, besonders gesund zu sein. Aber nur weil ich Hafer verwende, ist das Plätzchen auch nicht gesünder. Deshalb: Backt mehr Haferplätzchen, weil sie einfach genial schmecken.

Zutaten für 110 Stück

- 125 g Butter
- 250 g Haferflocken
- 250 g fein gehackte Trockenfrüchte (Datteln, Feigen, Rosinen usw.)
- 100 g Vollei (2 Stück)
- 100 g Honig
- 7 g Backpulver

Als Erstes koche ich die Butter kurz auf. Dann rühre ich die Haferflocken unter die heiße Butter und lasse die Mischung abkühlen. In der Zwischenzeit hacke ich die Trockenfrüchte schön klein. Sobald die Haferflocken abgekühlt sind, rühre ich die restlichen Zutaten unter. Nun forme ich mit einem Löffelchen kleine Makronen und lege diese auf ein mit Backpapier ausgelegtes Blech. Jetzt müssen meine Hafermakronen nur noch bei 175° C (Umluft) im vorgeheizten Ofen 8-12 Minuten gebacken werden.

Marzipanwölkchen

Das ist das richtige Rezept für alle, die behaupten, sie könnten keine Plätzchen backen. Hier kann man eigentlich fast nichts falsch machen. Man braucht nur fünf Zutaten, und schnell gemacht sind sie auch noch. Was will man mehr?

Zutaten für 35 Stück

250 g Marzipanrohmasse
30 g Eiweiß (1 Stück)
50 g Kristallzucker
2 g abgeriebene Zitronenschale
60 g gehobelte Mandeln zum Wälzen

Zuerst verknete ich Marzipan, Eiweiß, Zucker und Zitronenschale zu einer weichen Masse, die ich in zwei gleiche Teile aufteile. Dann verteile ich die gehobelten Mandeln auf dem Tisch und forme darin zwei daumendicke Rollen. Ich schneide walnussgroße Stücke von den Rollen ab, forme sie zu Kugeln und lege sie auf ein mit Backpapier ausgelegtes Blech. Im vorgeheizten Ofen backe ich meine kleinen Wölkchen bei 180° Umluft in 8-10 Minuten goldgelb. Wenn sie abgekühlt sind, bestäube ich sie noch dünn mit Puderzucker.

Chocolate Chip & Hazelnut Cookies – ein Gruß aus Amerika

So manch einer fragt sich, warum die amerikanischen Cookies auch bei uns so beliebt sind? Ganz einfach: weil sie so unkompliziert und schnell zu machen sind.

Zutaten für 75 Stück

230 g Butter
230 g Zucker
100 g Eier (2 Stück)
2 g Vanillezucker
350 g Weizenmehl (Type 550)
½ TL Backpulver (2 g)
340 g gehackte Zartbitterkuvertüre
110 g geröstete, grob gehackte Haselnüsse

Zuerst wärme ich die Butter etwas an, damit sie schön weich ist. Dann rühre ich die Butter zusammen mit dem Zucker und dem Vanillezucker cremig. Anschließend rühre ich die Eier nach und nach unter. Dann versiebe ich Mehl und Backpulver und rühre es mit der Kuvertüre und den Haselnüssen unter die Buttermasse. Jetzt gebe ich mit einem Löffel kleine Häufchen auf ein mit Backpapier ausgelegtes Blech. Bei 175° C backe ich meine Cookies in 8-12 Minuten goldgelb.

Doppelte Kokosnuss-Schokoladen-Makronen aus Israel

Dieses Gebäck wird in Israel vor allem zum Pessachfest zubereitet. Das Besondere daran ist, dass die Makronen kein Mehl enthalten.

Zutaten für 100 Stück

230 g geriebene Mandeln
230 Zucker
205 g Kokosraspel
265 g flüssige Zartbitterkuvertüre
90 g Eiweiß (3 Stück)
80 g Kokosmilch
3 g Vanillezucker

Alle Zutaten gut miteinander vermischen und etwa 10 g schwere Kugeln aus der Masse formen. Auf ein mit Backpapier ausgelegtes Blech legen und im vorgeheizten Ofen bei 175° C (Umluft) 8-10 Minuten backen.

Nun-E Gerdui: Walnussmakronen aus dem Iran

Nach den israelischen Plätzchen backen wir ein iranisches Makrönchen. Diese traditionellen Plätzchen werden für das iranische Neujahrsfest (Nouruz) gebacken. Wie bei allen Traditionsrezepten hat jede Familie ihr eigenes Rezept, und so existieren viele Variationen. Manche reiben die Wahlnüsse ganz fein, andere wollen eher noch auf Stücke beißen. Auch bei der Verwendung der Gewürze gibt es keine einheitliche Linie. Vanille wird gern gebraucht, aber auch das überall im Land beliebte Kardamom wird gerne verwendet. Ich habe mich für die Kardamomversion entschieden.

Zutaten für 28 Stück

40 g Eigelb (2 Stück)
40 g Zucker

2 g Kardamom
130 g fein geriebene Walnüsse
14 halbe Walnüsse

Zuerst rühre ich Eigelb, Zucker und Kardamom schön cremig. Dann rühre ich die Walnüsse unter. Anschließend spritze ich mit einem Spritzbeutel mit einer 11 mm großen Lochtülle kleine Tupfen auf ein mit Backpapier ausgelegtes Blech. Natürlich kann man auch einen Teelöffel nehmen und kleine Häufchen auf das Backpapier setzen. Dann setze ich auf jedes Walnussplätzchen eine geviertelte Walnuss. Im vorgeheizten Ofen werden meine Makrönchen bei 165° C in 10-14 Minuten goldgelb gebacken.

Tut: weiße Maulbeerplätzchen

Auch die Maulbeerplätzchen sind ein typisches iranisches Plätzchen für Nouruz. Das Schwierigste an diesen kleinen Marzipanplätzchen ist die korrekte Schreibweise, da sie jeder anders schreibt: Tut, Toot oder Tout sind gebräuchlich.

Zutaten für 30 Stück

- 300 g Marzipanrohmasse
- 30 g Puderzucker
- 6 g Rosenwasser
- 3 g Kardamom

Dekor:

- Kristallzucker
- Kokosflocken, Pistazien

Zuerst verknete ich alle Zutaten. Dann wiege ich 10 g schwere Stücke aus. Diese forme ich dann zu kleinen länglichen Kegeln, zuerst eine Kugel und dann einen Kegel. Jeden Kegel rolle ich dann entweder in Kristallzucker oder in Kokosraspeln. Dann stecke ich noch in jedes Ende eine geviertelte Pistazie. So schnell kann man Plätzchen machen.

Paranussplätzchen

Wann haben Sie zuletzt mit Paranüssen Plätzchen gebacken? Ich muss zugeben, dass auch ich diese aromatischen Nüsse erst vor kurzem zum ersten Mal verwendet habe. Da der südamerikanische Paranussbaum die Eigenschaft hat, das im Boden natürlich vorkommende radioaktive Radium besonders gut aufzunehmen, sollte man nicht mehr als ein oder zwei Paranüsse pro Tag zu sich nehmen. Trotzdem sollten wir mal wieder was mit dieser köstlichen südamerikanischen Nuss backen.

Zutaten für 90 Stück

250 g Butter
110 g Zucker
100 g Eier (2 Stück)
2 g Vanillezucker
280 g Weizenmehl (Type 550)
140 g geröstete und geriebene Paranüsse
150 g fein gehackte Vollmilchkuvertüre
25 g geröstete und grob gehackte Paranüsse
Puderzucker zum Bestäuben

Zuerst wärme ich die Butter leicht an, um sie dann mit Zucker und Vanille cremig zu rühren. Anschließend kommen die Eier nach

und nach dazu. Zum Schluss rühre ich kurz Weizenmehl, Paranüsse und Kuvertüre unter. Jetzt fülle ich die Masse in einen Spritzbeutel mit einer 10 mm großen Lochtülle und spritze kleine Tupfen auf ein mit Backpapier ausgelegtes Blech. Dann bestreue ich sie mit den grob gehackten Paranüssen. Anschließend kommen meine Plätzchen in den vorgeheizten Ofen (Umluft). Bei 175° C müssen sie 8-10 Minuten ausharren, bis sie eine schöne goldgelbe Farbe haben. Wenn sie ausgekühlt sind, bestäube ich sie noch leicht mit Puderzucker.

WELTWEIT

Einmal um die ganze Welt – nicht nur bei uns gibt es schmackhafte Plätzchen. Beinahe auf der ganzen Welt werden gern kleine Kekse gegessen, und zwar nicht nur zu Weihnachten wie bei uns. Ich hoffe, Sie sind dabei, bei einer kleinen Weltreise. Von überall, wo wir Halt machen, nehmen wir uns ein wunderbares Plätzchen mit.

Maamoul bil Tamr – syrische Dattelplätzchen

Maamoul gibt es praktisch in fast allen arabischen Ländern. Jede Familie hat natürlich ihr eigenes geheimes Rezept. Die Füllung kann durchaus etwas variieren: Pistazien, Datteln, Feigen, Nüsse usw. sind dabei gebräuchliche Füllungen. Wobei die Dattelfüllung schon so etwas wie ein Klassiker ist. Meistens werden sie mit Hefe gelockert, was sehr außergewöhnlich für ein Plätzchen ist. Außen werden sie dann schön eingekerbt oder in die speziellen Formen gedrückt. Sie werden in allen möglichen Formen und Variationen gebacken, was darauf hindeutet, dass es ein sehr altes Rezept ist. Dattelpaste und Mahlab bekommt man im türkischen oder arabischen Supermarkt.

Zutaten für 45 Stück

25 g Milch
2 g Hefe
80 g Hartweizengrieß
180 g Weizenmehl (Type 550)

110 g Ghee oder Butterschmalz (Zimmertemperatur)
1 EL Rosenwasser
2 g abgeriebene Orangenschale
40 g Puderzucker

Füllung:

170 g Dattelpaste
10 g Butter
eine gute Prise Mahlab

etwas Puderzucker zum Bestäuben

Zuerst löse ich die Hefe in der Milch auf und lasse sie 20 Minuten stehen. Dann mische ich alle Zutaten zu einem feinen Teig. Diesen wickle ich in Folie und stelle ihn kalt. Er muss so lange im Kühlschrank bleiben, bis er schön formbar ist. In der Zwischenzeit mische ich Dattelpaste, Butter und Mahlab für die Füllung. Jetzt hole ich meinen Teig aus dem Kühlschrank und forme 10 g schwere Teigkugeln. Aus der Dattelfüllung forme ich 4 g schwere kleine Kugeln. In die Teigkugeln drücke ich ein Loch, in das ich die Dattelkugel stecke. Dann wird das Loch geschlossen und der Teig wieder zu einer Kugel geformt. Jetzt wird er entweder in eine spezielle Form gedrückt oder man kerbt ein Muster ein. Diese Plätzchen lege ich auf ein mit Backpapier ausgelegtes Blech und backe sie im vorgeheizten Ofen bei 180° C (Umluft) in 8-12 Minuten goldgelb. Dann lasse ich die Plätzchen auskühlen und bestäube sie noch ganz dünn mit Puderzucker.

Tozzetti Ebraici

Zuerst müssen wir hier den Unterschied zwischen Tozzetti und Cantuccini klären. Fangen wir doch zuerst mit den Gemeinsamkeiten an: Beide werden zweimal gebacken. Somit sind sie ein eher trockenes Gebäck. Deshalb taucht man sowohl die Tozzetti als auch die Cantuccini gerne in Vin Santo oder in Kaffee ein. Jetzt wird vielfach behauptet, dass Tozzetti immer mit Haselnüssen und Cantuccini immer mit Mandeln gebacken werden. Vielleicht hat das sogar mal gestimmt, aber heutzutage wird das nicht mehr so genau genommen. Einen Unterschied gibt es dennoch: Cantuccini kommen aus der Toscana, und Tozzetti bäckt man in Umbrien, Rom und Latium. Es ist also lediglich ein regionaler Name für das gleiche Gebäck.

Zutaten für 190 Stück

150 g Butter
200 g Zucker
4 g abgeriebene Zitronenschale
eine Prise Salz

10 g Zimt
100 g Ei (2 Stück)
450 g Weizenmehl
2 g Backpulver
15 g Kakaopulver
220 g geröstete, grob gehackte Haselnüsse

Zuerst verknete ich Butter, Zucker und Gewürze gut miteinander. Dann gebe ich die Eier nach und nach dazu. Anschließend versiebe ich Mehl, Backpulver und Kakaopulver und knete es dann zusammen mit den Haselnüssen unter meine Masse. Nun forme ich 5 gleichschwere Schlangen à 30 cm Länge. Diese Schlangen lege ich auf ein mit Backpapier ausgelegtes Backblech und backe sie bei 175° C im vorgeheizten Ofen (Umluft) für 20 Minuten. Jetzt müssen sie ein bisschen auskühlen. Dann schneide ich sie mit einem glatten, sehr scharfen Messer in einen halben Zentimeter dicke Scheiben. Die Scheiben lege ich wieder auf ein mit Backpapier ausgelegtes Blech und backe sie noch einmal für 8-10 Minuten im vorgeheizten Ofen (Umluft 175° C).

Shirini Keshmeshi – iranische Rosinenplätzchen

Viele Nachspeisen und Gebäcke sind im ganzen arabischen Raum verbreitet. Man findet dann oft die gleiche Süßspeise unter einem etwas abgewandelten Namen. Hier haben sich die einzelnen Länder schon seit Jahrhunderten gegenseitig beeinflusst. Vor allem im Iran gibt es eine große Vielfalt an Plätzchen, die besonders zu Nouruz gebacken werden.

Zutaten für 80 Stück

150 g Butter
50 g Sonnenblumenöl
250 g Zucker
2 g abgeriebene Orangenschale
2 g Vanillepulver
100 g Eier (2 Stück)
140 g Joghurt
400 g Weizenmehl
180 g Rosinen

Zuerst wärme ich die Butter ein wenig an. Dann rühre ich sie zusammen mit Öl, Zucker, Orangenschale und Vanille cremig. Die Eier gebe ich nach und nach dazu. Anschließend rühre ich den Joghurt unter. Zum Schluss rühre ich Mehl und Rosinen kurz unter. Mit einem Spritzbeutel mit einer 15 mm großen Lochtülle spritze ich dann kleine runde Plätzchen auf ein mit Backpapier ausgelegtes Backblech. Wer will, kann natürlich auch mit einem

Löffelchen kleine Häufchen machen. Zum Schluss backe ich die iranischen Rosinenplätzchen bei 175° C (Umluft) in 8-12 Minuten goldgelb.

Galletas con garabatos: mexikanische Plätzchen mit »Krikelkrakel«

Wer macht nicht gerne einfach einmal so richtiges Krikelkrakel? Vor allem, wenn es nachher so toll ausschaut! Geschmacklich sind diese »Galletas con garabatos« sowieso ein Highlight. Mexikanische Plätzchen sind eine kulinarische Reise wert.

Zutaten für 80 Stück

100 g Zucker
200 g Butter
2 g Vanillepulver

etwas abgeriebene Zitronenschale
20 g Eigelb (1 Stück)
50 g Eier (1 Stück)
300 g Weizenmehl
2 g Backpulver

Canache:

100 g Sahne
100 g Nussnougat
100 g Zartbitterkuvertüre

Zartbitterkuvertüre zum Garnieren

Zuerst verknete ich die Butter und den Zucker miteinander. Dann gebe ich Vanille und Zitronenschale in die Zucker-Butter-Mischung. Nach und nach die Eier dazu. Zuletzt knete ich das Mehl, das ich zuvor mit dem Backpulver versiebt habe, kurz unter das

Gemisch. Dann den Teig abdecken und für mindestens drei Stunden, am besten aber über Nacht in den Kühlschrank stellen. Am nächsten Tag rolle ich meinen Teig mit etwas Mehl messerrückendick (2,5 mm) aus. Mit einem runden Plätzchenausstecher steche ich Taler aus. Die Plätzchen lege ich auf ein mit Backpapier ausgelegtes Backblech und backe sie bei 175° C (Umluft) im vorgeheizten Ofen in 8-12 Minuten goldgelb. Jetzt müssen sie auskühlen. In der Zwischenzeit koche ich den Canache. Hierfür lasse ich die Sahne einmal kurz aufkochen, rühre die klein gehackte Kuvertüre und den Nougat unter und stelle sie beiseite, damit der Canache abkühlen kann. Dann fülle ich jeweils zwei Plätzchen mit dem Canache. Für das Krikelkrakel fülle ich temperierte Zartbitterkuvertüre in ein Tütchen und verziere die Plätzchen.

Kâber ellouz: tunesisches Marzipankonfekt

Das traditionelle Marzipankonfekt wird normalerweise einfach nur zu Kugeln gerollt, man kann es jedoch auch in die Maamoulformen drücken, und schon bekommt es einen ganz anderen optischen Reiz. Zum Färben nehme ich keine Lebensmittelfarbe, sondern für Grün fein gehackte Pistazien und für Rot Himbeerpulver.

Zutaten für 45 Stück

450 g Marzipanrohmasse
90 g Puderzucker
Kristallzucker
ein paar Tropfen Rosenblütenwasser
15 g Himbeerpulver
45 g fein gehackte Pistazien

Marzipan, Zucker, Rosenblütenwasser gut miteinander verkneten. Dann in drei gleiche Teile teilen. In den einen Teil die Pistazien kneten und in den anderen das Himbeerpulver. Dann drei gleich dicke Stränge rollen. Die Schlangen zu einem Dreistrangzopf flechten. Gleich große Stücke abschneiden. Kleine Kugeln formen. Diese im Kristallzucker rollen und dann in die Maamoulform drücken. Auf ein Stück Backpapier legen. Wer will, kann die Kâber ellouz noch mit einer Silberperle oder einer geviertelten Pistazie verzieren. Ich empfehle eindeutig Pistazien, denn die Silberkugeln sind zwar optisch ein Hit, aber kulinarisch nicht empfehlenswert.

Mendiants: französisches Weihnachtsgebäck

In der Provence ist es eine alte Weihnachtstradition, das Weihnachtsmenü mit »les 13 desserts de Noël« enden zu lassen. Es sind nur einfache Kleinigkeiten, die dort als Dessert gereicht werden: helles und dunkles Nougat, Olivenölbrot, verschiedene Nüsse, Trockenfrüchte und frische Früchte. Zu diesen 13 Desserts gehören immer auch die 4 »Mendiants«, sie symbolisieren die vier Gründungsväter der Bettelorden und die Farben ihrer Kutten: Rosinen für die Dominikaner, Haselnüsse für die Augustiner, getrocknete Früchte für die Franziskaner und Mandeln für die Karmeliter.

Zutaten für 35 Stück

250 g Kuvertüre (dunkle, helle oder weiße)
Nüsse: Pistazien, Mandeln, Haselnüsse, Walnüsse, Pinienkerne usw.
Früchte: Sultaninen, Rosinen, getrocknete Feigen oder Datteln, eingelegter Ingwer, Orangeat, Zitronat usw.

Dieses französische Konfekt ist eigentlich ganz leicht herzustellen. Zuerst nehme ich die Nüsse und röste jede Sorte schön der Reihe nach in einer Pfanne. Schön goldbraun, nicht zu stark rösten, sonst schmecken sie bitter. Wenn die Nüsse abgekühlt sind, dann temperiere ich mir meine gewünschten Kuvertüren. Anschließend mache ich mir ein Papiertütchen und spritze mit diesem kleine Tupfen Kuvertüre auf ein Backpapier. Jetzt heißt es schnell arbeiten, denn bevor die Kuvertüre angezogen ist, muss ich sie mit meinen Lieblingsfrüchten und Nüssen belegen.

Tegoline: italienische Dachziegel

Mein Urlaubssouvenir sind besondere Rezepte. Das Schönste im Urlaub ist für mich, wenn ich einen neuen Geschmack entdecken kann. So auch bei meinem Rezept für Tegoline, das ich aus einem Italienurlaub mitgebracht habe. Tegoline heißt übersetzt kleine Dachziegel, und genau so sollte das fertige Gebäck auch aussehen.

Zutaten für 60 Stück

200 g Puderzucker
100 g Eier (2 Stück)
20 g Eigelb (1 Stück)
90 g geriebene und geröstete Haselnüsse
70 g geriebene Mandeln

60 g Butter
60 g Weizenmehl
eine Prise Salz
eine Prise Zimt
eine Prise Vanillepulver

Zuerst erwärme ich die Butter, bis sie flüssig ist. Dann kommen alle restlichen Zutaten dazu und ich rühre gut um. Schon ist der Teig fertig. Mit einem Löffel gebe ich kleine Tupfen auf ein mit Backpapier ausgelegtes Blech. Aus diesen forme ich dünne runde Plätzchen. Damit die Masse nicht klebt, feuchte ich meine Hände mit Wasser an. Die kleinen flachen Plätzchen sollten etwa 6 cm Durchmesser haben. Jetzt backe ich meine Tegoline im vorgeheizten Ofen bei 180° C in 8-10 Minuten goldgelb. Nach dem Backen hebe ich sie mit einem Teigschaber sofort vom Blech und lege sie auf einen Holzstiel. Die Tegoline müssen noch heiß und biegsam sein, damit sie eine schöne Wölbung bekommen und wie kleine Dachziegelchen aussehen. Gut auskühlen lassen und dann in eine Blechdose geben, damit sie schön mürbe bleiben.

Hertzogies aus Südafrika

Bei diesem Plätzchen mischt sich das Beste aus drei Kontinenten: Europäische Küche trifft auf Asien am letzten Zipfel Afrikas. Die Hertzogies wurden nach dem General J. B. M. Hertzog benannt, da er sie über alles liebte. Er war der erste Premierminister Südafrikas.

Ein schönes Mürbteigplätzchen mit einem fruchtigen Kern aus Aprikosenmarmelade und eine Kokosmakrone als Deckel. Eine wirklich köstliche Kombination.

Zutaten für 50 Stück

100 g Zucker
200 g Butter
300 g Weizenmehl
20 g Eigelb (1 Stück)
50 g Eier (1 Stück)
2 g Backpulver
2 g Vanille
1 g abgeriebene Zitronenschale
Aprikosenkonfitüre
120 g Eiweiß (4 Stück)
240 g Zucker
300 g Kokosraspel
abgeriebene Zitronenschale

Zuerst verknete ich die Butter und den Zucker miteinander. Dann gebe ich meine Gewürze dazu. Nach und nach gebe ich die Eier hinein. Zuletzt knete ich das Mehl, das ich zuvor mit dem Backpulver versiebt habe, kurz unter das Gemisch. Dann den Teig abdecken und für drei Stunden in den Kühlschrank stellen.

Man soll eigentlich den Teig ausrollen und kleine Tartelette-Förmchen damit auslegen. Es geht aber auch ohne. Ich rolle meinen Teig mit etwas Mehl messerrückendick aus und steche runde Plätzchen im Durchmesser von ca. 4,5 cm aus. Diese lege ich auf ein mit Backpapier ausgelegtes Backblech. Die Hälfte der Plätzchen steche ich nun innen im Durchmesser von ca. 2,5 cm aus und lege die ausgestochenen auf die nicht ausgestochenen. Auf jedes Plätzchen gebe ich nun einen halben Teelöffel Aprikosenmarmelade. Dann schlage ich die 120 g Eiweiß mit 240 g Zucker gut schaumig und rühre die Kokosraspel mit der abgeriebenen Zitronenschale unter. Anschließend spritze ich auf jedes Plätzchen mit einem Spritzbeutel mit einer Sterntülle Rosetten. Nun kommen

sie in den Ofen. Bei 180° C 7-12 Minuten backen, bis sie goldgelb sind, dann aus dem Ofen nehmen.

Suspiros de Murcia: Spanien lässt grüßen

»Suspiros de Murcia«, Seufzer aus Murcia heißen die kleinen süßen Mandelbaisers.

Zutaten für 110 Stück

250 g gehackte Mandeln
400 g Zucker
150 g Eiweiß (5 Stück)
2 g Zimt
Mark einer halben Vanillestange

Zuerst röste ich die Mandeln in einer Pfanne goldbraun und lasse sie auskühlen. In der Zwischenzeit schlage ich das Eiweiß mit der Hälfte des Zuckers zu einem steifen Schnee. Der restliche Zucker wird dann nach und nach untergerührt.

Zum Schluss rühre ich vorsichtig Mandeln, Zimt und Vanillemark unter den Eischnee. Jetzt kann man entweder mit einem Spritzbeutel mit einer großen Lochtülle kleine Plätzchen auf ein mit Backpapier belegtes Backblech dressieren. Oder man gibt die Masse mit einem Löffel häufchenweise auf das Backpapier. Dann backe ich die spanischen Plätzchen im vorgeheizten Ofen bei 120° C etwa 20-30 Minuten.

Fingerle aus dem Elsass

Das Elsass ist für uns der Inbegriff für gutes Essen. Das mag an der wechselhaften Geschichte dieses Landstriches liegen.

Zutaten für 50 Stück

125 g Butter
125 g Zucker
1 Prise Salz
Mark einer halben Vanilleschote
50 g Ei (1 Stück)
250 g Weizenmehl
1 ½ TL Backpulver
Zucker zum Wälzen
¼ TL Zimt
½ TL abgeriebene Zitronenschale
¼ TL Kakao

Zuerst rühre ich Butter, Zucker, Salz und Vanille schaumig. Das Ei rühre ich nach und nach unter. Zum Schluss rühre ich das mit dem Backpulver versiebte Weizenmehl unter das Buttergemisch. Dann muss der Teig ruhen. Deshalb wickele ich ihn in Folie und stelle meinen Fingerleteig für eine Stunde kalt. Dann hole ich meinen Teig aus dem Kühlschrank und teile ihn in drei gleich große Teile. Aus der ersten Portion forme ich eine 1 cm dicke Rolle. Zum Formen muss ich die Rolle in Zucker wälzen, damit sie nicht anklebt. Dafür nehmen wir Zimtzucker. Hierfür 1 EL Zucker (15 g) mit ¼ TL Zimt (1 g) mischen. Jetzt schneide ich die Fingerle in 5 cm lange Stücke. Diese Röllchen lege ich auf ein mit Backpapier ausgelegtes Blech. Ich muss genug Platz lassen, weil die Fingerle etwas auseinandergehen. Bei der nächsten Portion verfahre ich genauso. Allerdings rolle ich den Teig diesmal in Zitronenzucker. Hierfür mische ich 1 EL Zucker (15 g) mit ¼ TL abgeriebener Zitronenschale. Für die letzten Fingerle 1 EL Zucker mit ¼ TL Zimt und ¼ TL Kakaopulver mischen. Im vorgeheizten Ofen bei 180° C in 8-10 Minuten goldgelb backen.

Weitere Möglichkeiten zum Wälzen sind Orangenzucker, Kardamomzucker, Vanillezucker, Tonkabohnenzucker.

Tipp: Großzügig Platz lassen auf dem Backblech, da die Fingerle beim Backen sehr breit laufen.

New York Stars aus den USA

Schöne würzige Buttersterne, die auf der Zunge fast zergehen. Durch die Gewürze Vanille, Kardamom, Zimt und Muskatblüte erinnern sie an Lebkuchen.

Zutaten für 50 Stück

100 g Zucker
200 g Butter
2 g Vanille (1 gestrichener TL)
2 g Zimt
2 g Kardamom
2 g Muskatblüte
60 g Eigelb (3 Stück)
250 g Weizenmehl
100 g geriebene Mandeln
2 g Backpulver
160 g Aprikosenmarmelade
Puderzucker zum Bestäuben

Zuerst verknete ich die Butter und den Zucker miteinander. Dann gebe ich die Gewürze in die Zucker-Butter-Mischung. Nach und nach die Eier dazugeben, dann die geriebenen Mandeln. Zuletzt knete ich das Mehl, das ich zuvor mit dem Backpulver versiebt habe, unter das Gemisch. Den Teig abdecken, dann für etwa drei

Stunden in den Kühlschrank stellen. Wenn der Teig schön fest ist, rolle ich ihn mit etwas Mehl messerrückendick (2,5 mm) aus. Nun werden kleine Sterne ausgestochen und auf ein mit Backpapier belegtes Blech gelegt. Bei der Hälfte der Sternchen steche ich in der Mitte ein kleineres Loch aus. Bei 180° C in 7-10 Minuten goldgelb backen. Wenn die Sterne ausgekühlt sind, die ausgestochenen Oberteile mit Puderzucker bestäuben und die Unterteile mit Marmelade füllen. Zuletzt lege ich die Oberteile versetzt auf die Unterteile.

Tipp: Da der Teig sehr schnell weich wird, ist es am besten, ihn auszurollen und portionsweise kalt zu stellen. Dann immer eine Platte aus dem Kühlschrank holen und ausstechen.

Benne Cakes aus Afrika

Diese Sesamplätzchen gibt es fast in ganz Westafrika. Vor allem beim Kwanzaa-Fest, das vom 26. Dezember bis zum 1. Januar gefeiert wird, sind diese kleinen knusprigen Plätzchen sehr beliebt.

Zutaten für 55 Stück

150 g Sesamsamen
70 g Butter
150 g Zucker
Mark von einer halben Vanilleschote
etwas abgeriebene Zitronenschale
eine Prise Salz
50 g Ei (1 Stück)
1 TL Zitronensaft
80 g Weizenmehl (Type 550)
½ TL Backpulver (2 g)

Zuerst röste ich den Sesam goldbraun. Entweder mache ich das im Ofen bei 180° C oder in einer Pfanne ohne Fett. Dann lasse ich die Sesamsamen abkühlen. In der Zwischenzeit gebe ich die Butter in eine Schüssel und wärme sie an, bis sie fast flüssig ist. Dann gebe ich Zucker, Vanille, Zitronenschale und Salz dazu. Ei und Zitronensaft rühre ich nach und nach unter. Weizenmehl und Backpulver werden versiebt und zusammen mit dem Sesam untergerührt. Jetzt nehme ich einen Teelöffel und setze auf ein mit Backpapier ausgelegtes Blech kleine Häufchen. Hierbei muss ich mindestens 2 cm Abstand zwischen den Plätzchen halten, da sie beim Backen sehr breit laufen. Aber zuvor drücke ich sie noch etwas flach und forme die Plätzchen beim Flachdrücken schön rund. Damit der Plätzchenteig nicht anklebt, feuchte ich meine Hände etwas mit kaltem Wasser an. Damit sie wirklich schön rund

werden, kann man einen runden Ausstecher anfeuchten und damit einmal rundherum um die Plätzchen fahren, dann werden sie einfach perfekt. Anschließend backe ich sie im vorgeheizten Ofen bei 180° C in 8-10 Minuten schön goldgelb.

Crinkles de Amêndoa e Limão: Mandel-Zitronen-Plätzchen aus Brasilien

Schöne saftige Plätzchen, die durch den Frischkäse und die Zitrone eine fein säuerliche, unwiderstehliche Note bekommen.

Zutaten für 50 Stück

60 g Butter
80 g Zucker
60 g Zitronensaft

6 g abgeriebene Zitronenschale
50 g Ei (1 Stück)
100 g Frischkäse
50 g fein geriebene Mandeln
200 g Weizenmehl
3 g Backpulver
Puderzucker

Butter flüssig machen. Zucker dazurühren. Dann nach und nach Zitronensaft, Zitronenschale und Ei unterrühren. Dann den Frischkäse dazugeben. Zum Schluss Mandeln, Mehl und Backpulver unterrühren. Jetzt stelle ich meinen Crinklesteig für mindestens eine Stunde in den Kühlschrank. Er muss so fest sein, dass man kleine Kugeln formen kann. Dafür zupfe ich etwa 10 g große Teigstücke ab, die ich dann zu Kugeln forme und anschließend in Puderzucker wälze. Die Plätzchen lege ich auf ein Backblech mit Backpapier. Hier drücke ich sie noch ein wenig flacher und schiebe sie dann in den vorgeheizten Ofen. Bei 180° C backe ich sie in 9-12 Minuten goldgelb.

Geneva Cookies aus den USA

Geneva heißt ja eigentlich Genf. Vielleicht sind es deshalb gar keine so typischen amerikanischen Cookies. Bei diesen Plätzchen macht man einen schönen Butterteig, den man dann ausrollt und aussticht. Nach dem Backen werden die Cookies noch mit Kuvertüre überzogen.

Zutaten für 110 Stück

200 g Butter
160 g Zucker
Mark einer halben Vanilleschote
1 TL Zitronensaft (2 g)
eine Prise Salz
1 TL abgeriebene Zitronenschale (4 g)
300 g Weizenmehl (Type 550)
5 g Backpulver
500 g Zartbitterkuvertüre
zum Bestreuen: Krokant, Nüsse, Liebesperlen, geröstete Kokosflocken usw.

Zuerst verknete ich Butter und Zucker. Dann gebe ich die Gewürze dazu. Zum Schluss knete ich Mehl und Backpulver unter, das ich zuvor zusammengesiebt habe. Der Butterteig wird jetzt in Folie eingewickelt und für etwa eine Stunde kalt gestellt. Dann rolle ich den Teig etwa messerrückendick aus und steche runde Plätzchen im Durchmesser von 5 cm aus. Diese lege ich auf ein Blech mit Backpapier und backe sie im vorgeheizten Ofen bei

180° C (Umluft) in 8-12 Minuten goldgelb. Dann lasse ich sie auskühlen. Wenn sie abgekühlt sind, tauche ich die Oberseite in temperierte Zartbitterkuvertüre und bestreue sie mit Krokant, Nüssen, Liebesperlen usw. Man kann die Plätzchen natürlich auch mit einem Pinsel anstreichen oder die Kuvertüre mit einem Messer daraufstreichen.

Molarinhas de Rendufe aus Portugal

Diese schönen saftigen Mandelschnittchen trocknen sehr schnell aus. Also zügig verspeisen oder in einer Box aufbewahren.

Zutaten für 65 Stück

150 g Eiweiß (5 Stück)
300 g Zucker
100 g Butter

100 g Eigelb (5 Stück)
1 TL Zimt (3 g)
1 TL Orangenschale (5 g)
225 g geriebene Mandeln
60 g Weizenmehl
Puderzucker und Vanille zum Bestäuben

Zuerst schlage ich das Eiweiß mit der Hälfte des Zuckers schaumig. Dann rühre ich den Rest des Zuckers unter. Ich gebe die Butter in eine Schüssel und löse sie auf. Wenn die Butter flüssig ist, rühre ich die Gewürze unter. Dann kommen nach und nach die Eigelbe dazu. Zum Schluss hebe ich vorsichtig den Eischnee, die Mandeln und das Mehl darunter. Nun gebe ich diese Masse in einen Backrahmen (34 × 34 cm). Streiche oben alles glatt und backe die Molarinhas bei 180° C in etwa 20 Minuten goldgelb. Wenn die Masse ausgekühlt ist, schneide ich sie in 3 × 5 cm große Rechtecke. Diese werden jetzt noch mit Vanillepuderzucker bestäubt.

Coquitos: Kokosmakronen aus Uruguay

Hier einmal etwas ungewöhnliche Kokosmakronen. Bei diesem Rezept nimmt man nicht wie in unseren Breitengraden üblich nur das Eiweiß, sondern das ganze Ei. Außerdem kommt noch etwas Butter in den Teig.

Zutaten für 70 Stück

100 g Eier (2 Stück)
230 g Zucker
20 g flüssige Butter
20 g Weizenmehl
20 g Maisstärke
180 g geraspelte Kokosflocken
etwas abgeriebene Zitronenschale

Zuerst schlage ich die Eier und den Zucker schaumig. Wenn alles schön cremig ist, dann rühre ich einfach alle anderen Zutaten darunter. Jetzt forme ich einfach kleine Kügelchen und lege diese auf ein mit Backpapier ausgelegtes Blech. Anschließend werden die Coquitos bei 175° C in 8-12 Minuten goldgelb gebacken.

Chocolates: Schokobaiserplätzchen aus Großbritannien

Diese feinen Schokobaisers sind einfach himmlisch!

Zutaten für 65 Stück

60 g Eiweiß (2 Stück)
150 g Zucker
1 g Vanillepulver
75 g fein gehackte Zartbitterkuvertüre

150 g geröstete und gehackte Haselnüsse
15 g Kakaopulver

Zuerst rühre ich das Eiweiß mit der Hälfte des Zuckers schaumig. Dabei ist es wichtig, dass alle Geräte und Werkzeuge absolut sauber, vor allem absolut fettfrei sind. Denn der kleinste Tropfen bewirkt, dass sich das Eiweiß nicht mehr aufschlagen lässt. Den restlichen Zucker gebe ich nach und nach dazu. Wenn es ein schöner steifer Eiweißschnee ist, hebe ich die restlichen Zutaten vorsichtig unter. Jetzt gebe ich mit einem Löffel kleine Häufchen auf ein mit Backpapier ausgelegtes Blech. Bei 160° C (Umluft) backe ich die Baisers in 8-12 Minuten goldbraun. Die Plätzchen sind fertig, wenn man sie vom Backpapier lösen kann.

KURIOSE PLÄTZCHEN, SCHRÄGE NAMEN

In diesem Kapitel habe ich alle Plätzchen versammelt, die irgendwie aus dem Rahmen fallen: Plätzchen mit schrägen Namen, lustigen Geschichten und seltsamen Zutaten. Wir backen Pferdeäpfel, Bierplätzchen, Wespennester, falsche Butterbrote, Zürcher Möpsli und viele andere mehr. Es macht Spaß, sie zu entdecken.

Schaum vorm Maul

Skurrile Namen gefallen mir einfach. »Schaum vorm Maul« ist doch einfach ein genialer Name für ein Plätzchen. Auch wenn es diese zarten, splittrigen Gebäcke nicht zu großem Ruhm gebracht haben und eigentlich fast in Vergessenheit geraten sind, so wird es doch Zeit, sie aus der Versenkung zu heben.

Zutaten für 90 Stück

150 g Eiweiß (5 Stück)
210 g Zucker
10 g Kakaopulver
etwas Vanille

Füllung:

60 g Sahne
180 g Zartbitterkuvertüre
30 g Amaretto

Kuvertüre zum Tauchen

Zuerst schlage ich das Eiweiß mit der Hälfte des Zuckers schön schaumig. Dann kommt der restliche Zucker nach und nach darunter. Wenn das Eiweiß fertig ist, rühre ich das Kakaopulver und die Vanille darunter. Nun spritze ich kleine Tupfen auf ein mit Backpapier ausgelegtes Backblech. Nun bei 120° C etwa 20-30 Minuten backen. In der Zwischenzeit bereite ich die Füllung zu. Hierfür lasse ich die Sahne einmal kurz aufkochen und gebe die fein gehackte Zartbitterkuvertüre hinein. Wenn die ganze Schokolade aufgelöst ist, kann ich den Amaretto unterrühren. Nun müssen die Plätzchen und die Füllung abkühlen. Wenn beides kalt ist, gebe ich auf die Hälfte der Plätzchen einen Klecks von der Amarettofüllung. So setze ich immer zwei »Schaum vorm Maul«-Plätzchen zusammen. Jetzt muss die Kuvertüre temperiert werden. Dann kann ich immer ein Schäumchen bis zur Hälfte in die Kuvertüre tauchen und auf ein Stück Backpapier legen.

Gli sfratti di Pitigliano: die Vertreibungen von Pitigliano

Pitigliano ist ein kleines toskanisches Städtchen in der Nähe von Grosseto. Die ersten Juden siedelten sich im 15. Jahrhundert dort an. Als Papst Paul IV. im Jahr 1555 ein Verdikt verfasste, das das Leben der Juden stark einschränkte und sie in Ghettos verbannen wollte, machten sich viele auf den Weg in die freien Herzogtümer. Viele kamen nach Pitigliano, schließlich war es nicht weit von Rom entfernt, und die dortige Herrscherfamilie, die Orsini, verfolgte eine freiere Politik. So blühte die jüdische Gemeinde in Pitigliano regelrecht auf, und die Stadt wurde auch »La Piccola Gerusalemme«, also Klein-Jerusalem, genannt.

Jedoch war diese Blütezeit des jüdischen Lebens in Pitigliano nur von kurzer Dauer. Denn 1608 wurde Pitigliano Teil des Großherzogtums Toskana und die neuen Herrscher, die Familie Medici, hoben die Freiheiten, die die Juden genossen hatten, wieder auf. Sie durften kein eigenes Land mehr besitzen, sie durften keinem Gewerbe mehr nachgehen und schließlich wurde 1622 um die Synagoge herum ein Ghetto eingerichtet.

So weit also die Geschichte. Und nun kommen wir zur Entstehungsgeschichte der Plätzchen. Der Legende nach sollen die Juden von Pitigliano sie gebacken haben, um an die Räumung der Stadt Anfang des 17. Jahrhunderts zu erinnern. Bei der Räumung der Häuser klopften die Schergen des Herzogs mit einem Stock an die Türen, um die Juden ins Ghetto zu bringen. Diesen Stock stellt das Gebäck symbolisch dar (20-30 cm lang und ca. 3 cm dick). Zum Verzehr wird es dann in kleine Stückchen geschnitten. Um an diese Vertreibung zu erinnern, wurden die »Sfratti di Pitigliano« gebacken.

Zutaten für 45 Stück

Teig:

180 g Weizenmehl
70 g Weißwein
70 g Butter
40 g Zucker
eine Prise Salz
etwas abgeriebene Zitronenschale

Füllung:

150 g Honig
50 g Butter
140 g grob gehackte Walnusskerne
40 g Orangeat
etwas abgeriebene Orangenschale
eine Prise Muskatblüte

eine gute Prise Zimt
etwas schwarzer Pfeffer
eine Prise Salz

Für den Teig verknete ich einfach alle Zutaten. Dann wickle ich ihn in Folie ein und stelle meinen Teig in den Kühlschrank. Während es sich der Teig im Kühlschrank gemütlich macht, bereite ich die Füllung zu. Für die Füllung gebe ich den Honig und die Butter in einen Topf und lasse dies 1-2 Minuten köcheln. Dann gebe ich alle anderen Zutaten dazu und lasse das Gemisch noch einmal 4 Minuten köcheln. Die Walnussmasse schütte ich dann auf ein Stück Backpapier. Nach 10 Minuten, wenn die Masse etwas abgekühlt ist, teile ich sie in zwei gleiche Teile. Jetzt forme ich zwei dickere, 25 cm lange Stäbe. Nun hole ich meinen Teig aus dem Kühlschrank und rolle zwei Rechtecke 25 cm × 10 cm aus. Auf jedes Rechteck lege ich eine Walnussrolle und rolle sie ein. Die beiden Rollen platziere ich nun auf ein mit Backpapier ausgelegtes Blech. Im vorgeheizten Ofen bei 170° C backe ich die Plätzchen 12-18 Minuten, bis sie schön goldgelb geworden sind. Wenn die Stangen etwas ausgekühlt sind, schneide ich sie mit einem scharfen Messer in etwa 1 cm dicke Scheiben.

Anzac Biscuits aus Australien und Neuseeland

Die Australier und auch die Neuseeländer behaupten, dass sie diese kleinen Kokosknuspergebäcke erfunden hätten. ANZAC ist die Abkürzung für »Australian and New Zealand Army Corps«. Australische und neuseeländische Frauen schickten diese Kekse ihren Männern, um ihnen den Kriegseinsatz im Ersten Weltkrieg ein wenig zu versüßen. So lautet zumindest die Legende. Ein pa-

triotischer Backakt, um die Moral der Truppe zu stärken. Wichtig war, dass die Plätzchen lange haltbar waren, denn der Krieg fand schließlich am anderen Ende der Welt statt.

Und sie schmecken wirklich gut, diese Anzac Biscuits, denn sie sind schön knusprig, und die Kombination von Haferflocken und Kokos mit etwas Honig ist wirklich eine Sünde wert.

Zutaten für 60 Stück

125 g Weizenmehl
100 g Haferflocken
150 g Kokosraspel
150 g Zucker
125 g Butter
50 g Honig
4 g Backpulver
1 Ei
etwas abgeriebene Zitronenschale
Mark einer halben Vanilleschote

Ich nehme Mehl, Haferflocken, Kokosraspel, Zucker und Backpulver und vermische alles gut in einer Schüssel. Butter und Honig löse ich in einem Topf auf dem Herd auf und achte darauf, dass es nicht zu heiß wird. Dies kommt dann zur Mehlmischung dazu. Die restlichen Zutaten schütte ich auch noch in die Schüssel und vermische dann alles gründlich. Nun forme ich kleine flache Plätzchen von etwa 5 cm Durchmesser und gebe diese auf ein mit Backpapier ausgelegtes Backblech. Jetzt kommen meine australischen Plätzchen bei 175° C etwa 8-12 Minuten in den vorgeheizten Ofen. Wenn sie schön goldgelb sind, kommen sie heraus. In einer verschlossenen Box halten sie locker 2-4 Wochen.

Knusperknäuschen

Man sollte sich immer Zeit für neue Lieblingsplätzchenrezepte nehmen. Die Knusperknäuschen haben auf alle Fälle das Potenzial, Ihr neues Lieblingsplätzchen zu werden, denn diese Knusperknäuschen sind einfach, schnell gemacht und lecker! Kardamom gibt ihnen auch noch das besondere Etwas. Dadurch, dass wir die Knusperknäuschen mehr trocknen als backen, werden sie schön knusprig.

Zutaten für 65 Stück

60 g Eiweiß (2 Stück)
100 g Puderzucker gesiebt
110 g gehackte und geröstete Haselnüsse
2 g gemahlener Kardamom
130 g geröstete und gehobelte Mandeln

Zuerst röste ich Haselnüsse und Mandeln. Beide müssen jetzt erst einmal abkühlen. Als Nächstes hacke ich die Haselnüsse grob.

Dann schlage ich das Eiweiß mit der Hälfte des Puderzuckers zu einem steifen Schnee. Den restlichen Puderzucker rühre ich nach und nach unter. Anschließend hebe ich Haselnüsse und Kardamom vorsichtig unter meinen Eiweißschnee. Mit zwei Teelöffeln setze ich jetzt kleine Häufchen in die gehobelten Mandeln. Dann rolle ich meine Knusperknäuschen in den gehobelten Mandeln, so dass kleine Kugeln entstehen. Die Plätzchen setze ich auf ein mit Backpapier ausgelegtes Blech. Bei 120° C müssen meine kleinen Kunstwerke 30-40 Minuten im vorgeheizten Ofen bleiben. Wie gesagt, gut trocknen, damit es auch Knusperknäuschen werden.

Bier-Plätzchen

Bier in Plätzchen ist ja jetzt durchaus etwas merkwürdig, aber auch extrem gschmackig. Hier kann man durchaus mit der Biersorte variieren und einfach mal sein Lieblingsbier ausprobieren. Man sollte allerdings bei sehr bitteren Bieren etwas vorsichtig sein, denn wenn das fertige Plätzchen zu bitter schmeckt, könnte es doch einigen den Genuss vermiesen.

Zutaten für 80 Stück

100 g Weizenmehl
25 g Haferflocken
2 g Backpulver
50 g Ei (1 Stück)
80 g Butter
50 g fein gehacktes Orangeat

140 g fein gehackte, getrocknete Sauerkirschen
100 g geröstete, gestiftelte Mandeln
110 g brauner Zucker
etwas abgeriebene Orangenschale
2 g Lebkuchengewürz
90 g dunkles Bier (Doppelbock)

Ich wiege alle Zutaten ab und mische dann alles in einer Schüssel. Anschließend gebe ich diese Masse in einen Spritzbeutel mit einer 10 mm großen Tülle und spritze kleine Tupfen auf ein mit Backpapier ausgelegtes Blech. Anschließend schiebe ich meine Bier-Plätzchen in einen auf 175° C (Umluft) vorgeheizten Ofen und lasse sie 8-12 Minuten backen. Wenn sie schön goldbraun sind, dürfen sie auch schon den Ofen verlassen.

Pferdeäpfel aus Schleswig-Holstein

Pferdeäpfel stammen aus dem hohen Norden. Ich habe mir das Rezept von einem Aufenthalt in Hamburg mitgebracht. Jedoch kommt es nicht aus der Hansestadt, sondern aus Schleswig-Holstein. Das Schöne an diesem Rezept ist, dass es total einfach zu backen ist und auch noch wunderbar schmeckt. Auch die Kombination von Marzipan, Haselnüssen, Sesam und Sonnenblumenkernen macht es zu etwas ganz Besonderem. Außen sind die kleinen Häppchen schön knusprig und innen saftig. Was will man also mehr? Schnell gemacht, schmeckt einfach himmlisch gut und hat auch noch einen außergewöhnlichen Namen! Da lacht mein Konditorherz!

Zutaten für 70 Stück

350 g Marzipanrohmasse
140 g Zucker
2 g Zimt
50 g geriebene und geröstete Haselnüsse
30 g Hartweizengrieß
60 g Eiweiß (2 Stück)

Zum Rollen:

80 g gerösteten Sesam
120 g geröstete Sonnenblumenkerne

Zuerst röste ich den Sesam und die Sonnenblumenkerne, dann müssen sie erst einmal abkühlen. In der Zwischenzeit verknete ich die restlichen Zutaten zu einem glatten Teig, vermische Sesam und Sonnenblumenkerne und forme aus dem Teig mehrere gleich dicke Rollen, die ich im Sesam-Sonnenblumenkern-Gemisch rolle. Jetzt schneide ich plätzchengroße Stücke ab. Bevor ich sie auf ein mit Backpapier ausgelegtes Blech lege, tauche ich noch die zwei unbedeckten Seiten in die Mischung. Dann backe ich sie im vorgeheizten Ofen bei 180° C (Umluft) in 8-12 Minuten goldbraun.

Himmlische Engelsküsschen

Wer will sich nicht von Engeln küssen lassen? Vielleicht können diese Plätzchen uns einen gewissen Schutz bieten, denn das ist es doch, was sich die meisten von Engeln erwarten. Wenn diese fast direkt aus dem Himmel kommenden Engelsküsschen auf unserer Zunge fein zergehen, dann ist es so, als wenn uns ein Engel küsst.

Zutaten für 60 Stück

100 g fein gehacktes Orangeat
50 g Orangenlikör
400 g Marzipanrohmasse
50 g Puderzucker
60 g Krokant
Zartbitterkuvertüre zum Überziehen
20 g Krokant zum Verzieren

Am Tag vorher weiche ich das Orangeat im Orangenlikör ein. Am nächsten Tag siebe ich den Puderzucker und verknete ihn mit den anderen Zutaten. Jetzt forme ich kleine Kugeln (ca. 2 cm Durchmesser) aus der Masse. Die Kugeln sollten dann einen Tag stehen, damit sie eine leichte Haut bekommen. Am darauffolgenden Tag temperiere ich die Kuvertüre und tauche dann die Kugeln in die Schokolade. Hierfür nehme ich eine Pralinengabel. Anschließend lege ich jedes Engelsküsschen auf ein Stück Backpapier. Bevor die

Kuvertüre fest geworden ist, bestreue ich sie noch mit etwas Krokant.

Brutti ma buoni

Dieses italienische Gebäck könnte man mit »hässlich, aber lecker« trefflich übersetzen. Besser kann man es nicht beschreiben. Diese Plätzchen sehen zwar nicht besonders schön aus, schmecken aber umso besser.

Zutaten für 75 Stück

230 g gestiftelte Mandeln
90 g Eiweiß (3 Stück)
180 g Zucker
1 g Vanillepulver

Zuerst röste ich die Mandeln in einer Pfanne oder im Ofen schön goldgelb. Anschließend lasse ich sie abkühlen. Dann schlage ich das Eiweiß mit der Hälfte des Zuckers zu einem festen Schnee. Den restlichen Zucker schlage ich nach und nach unter. Wenn das Eiweiß schön fest geworden ist, hebe ich die Mandeln und die Vanille vorsichtig unter. Von dieser Masse setze ich nun mit einem Löffel häufchenweise kleine Plätzchen auf ein mit Backpapier ausgelegtes Backblech. Meine leckeren, aber hässlichen Plätzchen backe ich jetzt bei 130° C etwa 20-30 Minuten. Wenn ich sie vorsichtig vom Blech heben kann, dann sind sie fertig.

Falsche Butterbrote, ein traditionelles bayerisches Schmankerl

Die falschen Butterbrote sind ein altes bayerisches Rezept. Schade, dass sie ziemlich in Vergessenheit geraten sind. Wahrscheinlich, weil sie ein wenig aufwändig sind, aber dafür machen sich die Butterbrote wirklich wunderbar in jeder Plätzchenmischung.

Zutaten für 60 Stück

70 g Butter
120 g Zucker
1 g Zimt
1 g Piment
1 g Vanille
20 g Eigelb (1 Stück)
50 g Eier (1 Stück)
90 g Weizenmehl
210 g geriebene, geröstete Haselnüsse
110 g fein geriebene Zartbitterschokolade

Für die Butter:

60 g Eigelb (3 Stück)
120 g Puderzucker
grob gehackte Pistazien

Zuerst verknete ich die zimmerwarme Butter mit dem Zucker. Hier hinein gebe ich die Gewürze und nach und nach die Eigelbe und die Eier. Zum Schluss knete ich nur noch das Mehl, die Haselnüsse und die Zartbitterkuvertüre unter. Jetzt forme ich Rollen, die ich ein bisschen flach drücke, damit eine ovale Form entsteht. Diese Rollen lege ich auf ein Backpapier und gebe sie für etwa drei Stunden ins Gefrierfach. Wenn sie gut durchgekühlt sind, dann schneide ich etwa 0,5 cm dicke Brotscheiben ab. Diese lege ich auf ein Backblech, das ich vorher mit Backpapier ausgelegt habe. Bei 180° C (Umluft) backe ich meine falschen Butterbrote 8-12 Minuten schön goldbraun.

Nun wird die Butter gemacht. Dazu das Eigelb mit der Hälfte

des Puderzuckers schön cremig schlagen. Dann den restlichen Puderzucker nach und nach unterrühren. Die meisten, die dieses Rezept beschreiben, streichen nun die Eigelbbutter auf die Brotscheiben. Damit dies schneller geht, mache ich mir lieber ein kleines Papiertütchen und spritze die Butter damit auf die Scheiben. Aber vorher drehe ich die Plätzchen noch um, damit die gerade Seite oben ist. Beim Aufspritzen muss ich nur darauf achten, dass ich nicht zu weit nach außen komme, sonst läuft die Butter am Rand herunter. Anschließend streue ich noch den Pistazienschnittlauch darüber und lasse die Butter antrocknen.

Zürcher Möpsli

Für die Möpsli wird feinster Butterteig mit bestem Marzipan verfeinert, mit schmackhafter Aprikosenmarmelade gefüllt und mit zartschmelzender Kuvertüre verziert. Ich habe mir vorher

schon gedacht, dass muss doch einfach schmecken. Und natürlich schmeckt es einfach genial.

Zutaten für 36 Stück

50 g Zucker
100 g Butter
100 g Marzipanrohmasse
Mark einer Viertel Vanilleschote
etwas abgeriebene Zitronenschale
40 g Eigelb (2 Stück)
150 g Weizenmehl
1 g Backpulver
150 g Aprikosenmarmelade zum Füllen
Milchkuvertüre und/oder Zartbitterkuvertüre
Schokostreusel

Zuerst verknete ich Zucker, Butter und Marzipan miteinander. Dann gebe ich meine Gewürze in die Zucker-Butter-Mischung. Nun nach und nach die Eigelbe dazugeben und untermengen. Zuletzt knete ich das Mehl, das ich zuvor mit dem Backpulver versiebt habe, kurz unter das Gemisch. Den Teig abdecken und im Kühlschrank mindestens drei Stunden kalt stellen. Noch besser ist es, Mürbteige am Tag zuvor zuzubereiten. Am nächsten Tag rolle ich meinen Teig mit etwas Mehl messerrückendick aus (2,5 mm) und steche mit einem Blütenausstecher kleine Plätzchen aus. Die Plätzchen lege ich auf ein mit Backpapier ausgelegtes Blech und backe die Möpsli bei 175° C (Umluft) im vorgeheizten Ofen in 8-12 Minuten goldgelb. Wenn die Plätzchen ausgekühlt sind, tauche ich die Hälfte in temperierte Kuvertüre. Ich mache am liebsten eine Hälfte in Milchkuvertüre und die andere Hälfte in Zartbitterkuvertüre. Natürlich kann man auch weiße Kuvertüre nehmen. Anschließend streue ich noch Schokostreusel drauf. Das muss ich machen, bevor die Kuvertüre fest geworden ist, sonst bleiben die Schokostreusel nicht haften. Anschließend gebe ich auf die restlichen Teilchen je einen Klecks Aprikosenmarmelade. Obendrauf lege ich die mit Kuvertüre überzogenen Blüten.

Wespennester

Ein bisschen ist dieses alte bayerische Weihnachtsplätzchenrezept schon in Vergessenheit geraten. Eigentlich schade, aber wie kommt man auch darauf, seine Plätzchen Wespennester zu nennen? Also ehrlich gesagt, ich weiß es nicht, aber mir gefällt's.

Zutaten für 100 Stück

110 g Puderzucker
225 g gestiftelte Mandeln

145 g Zucker
90 g Eiweiß (3 Stück)
110 g fein geriebene Zartbitterkuvertüre
Mark einer halben Vanilleschote

Zuerst feuchte ich die Mandeln mit etwas Wasser ein wenig an. Dann werden sie mit dem Puderzucker übersiebt und gut vermischt. Diese Mischung verteile ich nun auf einem mit Backpapier ausgelegten Backblech und röste die Mandeln bei etwa 190° C. Die gerösteten Mandeln lasse ich nun abkühlen. In der Zwischenzeit schlage ich 145 g Zucker und das Eiweiß zu einem schönen steifen Schnee. Dann vermische ich die Mandeln, die Kuvertüre und die Vanille. Diese Masse gebe ich nun mit einem Löffel häufchenweise auf ein mit Backpapier ausgelegtes Backblech. Bei 170° C backe ich die Wespennester 10-12 Minuten.

Die Hand Fatimas, die Hand Miriams, die Hand Marias

Das ist eines meiner Lieblingsplätzchen, weil es nicht nur gut aussieht und Glück bringt, sondern es vereint auch die drei großen Weltreligionen. Für die Muslime ist es die Hand Fatimas: Sie bringt Glück, schützt uns vor bösen Menschen und dem bösen Blick. Fatima ist die jüngste Tochter Mohammeds und bringt so ihren Segen in jedes Haus. Sie wird verehrt als sündenfreie Jungfrau. Im Christentum gibt es die segenspendende Hand Marias. Und die Juden kennen die Hand Miriams. Miriam ist die ältere Schwester von Moses und Aaron. Diese drei führten gemeinsam die Israeliten ins gelobte Land.

Die Hand wird oft als Amulett getragen oder an bestimmten Stellen im Haus aufgehängt und soll Schutz bieten. Im Christentum dagegen spendet der Priester den Segen symbolisch mit der Hand der heiligen Maria. Wenn wir also die Hand Fatimas, Miriams und Marias als Plätzchen backen, dann können wir symbolisch die Weltreligionen zueinanderführen, uns gemeinsam Segen spenden und uns im Schutz der drei Frauen eine friedvollere Welt wünschen. Deshalb ist die Hand Fatimas, Miriams und Marias das ideale Plätzchen für unser Weihnachtsfest.

Ein Rezept brauchen wir nicht, denn wir nehmen einfach ein wenig Buttermürbteig, z. B. von unserem Spitzbuben- oder Butterplätzchenrezept. Diesen rollen wir ca. 3 mm dick aus und stechen dann mit einem speziellen »Hand-Fatimas-Ausstecher« unsere Hände aus. Den Ausstecher bekommt man natürlich unkompliziert im Internet. Wichtig ist nur, dass wir unseren Teig gut festdrücken, damit die feinen Konturen auch gut zu sehen sind. Dann einfach goldgelb backen. Wer will, kann noch etwas Rollfondant ausrollen, ausstechen und dann auf die Plätzchen legen.

TIPPS UND TRICKS FÜR DIE PLÄTZCHENBÄCKEREI

Allgemeine Tipps

Immer zuerst in Ruhe das Rezept durchlesen und sich schon einmal ein paar Gedanken zu den Abläufen machen, vielleicht ein paar Notizen machen. Dann geht's nachher umso schneller mit dem Backen. Zuerst alle Maschinen und Geräte, die zum Backen benötigt werden, herrichten, dann alle Zutaten zurechtlegen und alles abwiegen. Bevor man dann richtig loslegt, das Rezept noch einmal gründlich durchlesen.

Wichtig ist beim Backen das genaue Abwiegen. Nur dann können die Plätzchen auch gelingen. Anders als beim Kochen, wo man vieles mit Augenmaß und nach Gefühl machen kann, ist beim Backen das rezeptgenaue Abmessen Grundvoraussetzung für ein gelungenes Gebäck.

Eier in Gramm umrechnen: Ein durchschnittliches Ei (Größe M) hat 50 g. Hiervon rechnet man für ein Eigelb 20 g und für ein Eiweiß 30 g.

Natron oder Backpulver? Beides sind sogenannte Triebmittel und sorgen für Lockerung im Gebäck. Die Lockerung wird durch das enthaltene Kohlendioxid bewirkt. Natron benötigt zur Lockerung Säure. Deshalb ist es nur für Teige geeignet, die Säure enthalten. Backpulver besteht aus Natron, Säure und Stärke als Trennmittel. Es liefert praktischerweise die Säure gleich mit, die das Natron für optimalen Trieb braucht. Deshalb ist es das universeller einsetzbare Backtriebmittel und kann unkompliziert bei fast allen Teigen oder Massen eingesetzt werden.

Meine Rezepte kommen aus meiner Backstube. Hier arbeite ich fast immer mit großen Mengen. Für den Heimgebrauch habe ich deshalb die Rezepte heruntergerechnet. Da selbst die meisten digitalen Waagen zu ungenau abwiegen, hier eine kleine Hilfe zum Umrechnen:

1 TL Zucker / Salz (gestrichen) = ca. 5 g
1 EL Zucker / Salz (gestrichen) = ca. 12 g
1 EL Zucker / Salz (gehäuft) = ca. 22 g
1 TL Stärke / Mehl (gestrichen) = ca. 3 g
1 EL Stärke / Mehl (gestrichen) = ca. 12 g
1 EL Stärke / Mehl (gehäuft) = ca. 20 g

Grundrezept für Zuckerglasur: 100 g Puderzucker mit 4-5 EL Wasser vermischen. Die Flüssigkeit kann durch alle möglichen Säfte, z. B. Zitronensaft, Orangensaft, Apfelsaft oder Holundersaft, ersetzt werden. Auch Spirituosen, Kaffee oder Liköre sind sehr gut geeignet. Oder man kann auch Eiweiß nehmen, die Glasur trocknet dann schneller und wird härter. Wer will, kann auch noch Gewürze zufügen, z. B. Zimt, Kardamom oder Vanille.

Vanillezucker selbst herstellen: Die ausgekratzten Vanillestangen in Zucker legen und mit dem Zucker im Mixer fein pürieren. Dies gibt einen wunderbar aromatischen Zucker, der alle im Handel erhältlichen Vanillezucker bei weitem übertrifft. Wem das zu viel Aufwand ist, der legt die Vanillestangen einfach ganz in den Zucker. Nach ein paar Tagen hat der Zucker das feine Aroma der Vanillestangen angenommen.

Backen: Temperaturangaben und Zeitangaben sind immer nur Richtwerte, da jeder Ofen anders ist. Deshalb am Anfang immer vorsichtig beim Backen sein und lieber etwas früher nachschauen, bis man weiß, wie der eigene Ofen bäckt. Die von mir angegebenen Backtemperaturen und Zeiten sind zwar vielfach erprobt, jedoch bäckt jeder Ofen anders. Deshalb einfach ein paar

Plätzchen Probe backen. Dann die Temperatur eventuell korrigieren. Wenn man nach einiger Zeit seinen eigenen Ofen kennt, dann kann man die Ofentemperatur immer nach ähnlichen Gebäcken ausrichten, die man schon gebacken hat. Aber denken Sie daran, wenn Sie die Plätzchen etwas dünner ausgerollt haben als das letzte Mal, dann verkürzt sich natürlich die Backzeit. Wenn sie etwas dicker sind, dann brauchen sie auch etwas länger. Also am besten mit Wecker arbeiten und lieber ein oder zwei Minuten früher nachschauen.

Aufbewahren von Plätzchen: Schöne Blechdosen sind eine altbewährte und sehr zweckmäßige Aufbewahrungsart für alle Plätzchen. Natürlich sind auch die modernen Plastikbehälter wunderbar geeignet, wenngleich nicht so schön. Auch Einweckgläser kann man zum Lagern verwenden. Wichtig ist, dass jede Sorte ihre eigene Dose bekommt, damit nicht nach einigen Tagen alles gleich schmeckt. Ein kühler Keller ist der beste Ort für die gefüllten Gefäße. Von der Zugabe eines Apfelstückchens halte ich nicht so viel, da Sie dann immer kontrollieren müssen, ob es nicht zu schimmeln beginnt. Ansonsten schmecken Plätzchen natürlich immer frisch am besten.

Butter- und Mürbteige

Butterteige können Sie gut einfrieren und nach Bedarf verwenden. Also einfach etwas mehr Teig anmachen und dann gut eingewickelt im Gefrierfach oder in der Tiefkühltruhe aufbewahren. Am Abend vor dem Plätzchenbacken einfach in den Kühlschrank legen, dann ist der Teig am nächsten Tag wunderbar zum Weiterverarbeiten. Das Gleiche gilt für Mürbteige, sie können gut auf Vorrat eingefroren werden. Einfach die doppelte oder dreifache Menge machen und dann portionsweise in Folie verpackt einfrieren. Am Tag vor dem Plätzchenbacken in den Kühlschrank legen, dann kann der Teig über Nacht auftauen. In der Tiefkühltruhe hält sich der Plätzchenteig gut ein bis zwei Monate.

Butter- und Mürbteige am besten immer am Vortag zubereiten. Wenn sie über Nacht verpackt im Kühlschrank stehen, dann haben sie die optimale Konsistenz zum Weiterverarbeiten.

Wenn Sie vergessen haben, Ihren Butterteig am Vortag vorzubereiten, dann machen Sie einfach eine flache Platte aus Ihrem Teig, wickeln diesen in eine Klarsichtfolie und stellen den Teig für etwa eine halbe Stunde in den Gefrierschrank. Dann können Sie ihn zügig weiterverarbeiten.

Ausrollen: Damit der Teig beim Ausrollen nicht klebt, kann man etwas Mehl nehmen. Wesentlich eleganter ist es, die Teigplatten zwischen Backpapier oder Küchenfolie portionsweise auszurollen.

Zum Ausrollen Teige immer gut vorkühlen. Wenn man die Teige portionsweise zwischen zwei Folien ausrollt, kann man alle ausgerollten Folien kühl stellen und dann eine nach der anderen zum Ausstechen herausholen. So hat man immer einen schönen kalten kompakten Teig und keine Probleme beim Ausstechen.

Damit der Teig nicht in den Ausstechformen kleben bleibt, einfach die Förmchen vorher kurz in Mehl eintauchen.

Beim Mürbteig oder Butterteig immer das Mehl zum Schluss unterkneten. Darauf achten, dass der Teig dann nicht mehr zu lange geknetet wird. Sonst wird er zäh und zieht sich beim Backen zusammen. Die fertigen Gebäcke haben dann keine zarte mürbe Beschaffenheit mehr. Dieser Effekt tritt auch auf, wenn der Mürbteig öfter ausgerollt wird. Achten Sie darauf, Butterteige nie öfter als zweimal auszurollen.

Mürbteige immer ganz dicht ausstechen, damit nicht so viele Reste bleiben. Die Reste am besten zu einer Rolle (etwa 4 cm dick) formen, kalt stellen und dann 4 mm dicke Scheiben abschneiden. Wer will, kann in die Rollen auch Nüsse oder Trockenfrüchte mit einrollen. Achten Sie darauf, dass die Plätzchen gleichmäßig dick sind, damit sie auch gleichmäßig im Ofen bräunen.

Wenn man beim Ausrollen zu wenig Mehl genommen hat und der Plätzchenteig am Tisch anklebt, kann man ihn vorsichtig mit einer langen Palette oder mit einem dünnen glatten Messer lösen.

Immer wieder steht in den Rezepten für Mürbteig, man solle kalte Butter nehmen. Das ist falsch. Am besten gelingt ein zarter Teig mit zimmerwarmer Butter. Sie sollte weich sein, damit man die Zutaten besser verkneten kann. Ansonsten bekommt man leicht Fettbrocken im fertigen Teig.

Eigelb macht Mürbteige mürber und geschmackvoller. Das im Eigelb enthaltene Lecithin wirkt als natürlicher Emulgator. Und natürlich gibt es dem Teig eine schöne gelbe Farbe. Eiweiß hingegen macht den Teig zäher und fester.

Je mehr Zucker ein Mürbteig enthält, desto knuspriger wird er.

Eiweiß

Eiweiß schlägt sich nur auf, wenn alle Gerätschaften absolut fettfrei sind. Also immer zuerst Kessel und Rührbesen und alles, was sonst noch in Berührung mit dem Eiweiß kommt, mit heißem Wasser ausspülen.

Eiweiß lässt sich am besten mit nur wenig Zucker aufschlagen. Bei großen Mengen Zucker immer nur die gleiche Menge Zucker wie Eiweiß hinzufügen. Den restlichen Zucker erst nach und nach dazugeben, wenn das Eiweiß schön schaumig aufgeschlagen ist.

Mandeln und Nüsse

Mandeln schälen: Zuerst die Mandeln mit kochenden Wasser kurz überbrühen, dann kalt abschrecken. Jetzt lässt sich die Haut ganz einfach wegdrücken.

Haselnüsse schälen: Die Nüsse in einer Pfanne ohne Fett rösten, geht auch im heißen Ofen. Anschließend lässt sich die Haut mit einem Küchentuch einfach abrubbeln.

Nüsse halten am längsten in der Schale, also ungeknackt. Denn die Schale gibt der Nuss einen natürlichen Schutz. Jeder Weiterverarbeitungsgrad lässt die Nüsse schneller ranzig werden.

Nüsse sollten grundsätzlich immer geröstet werden, erst dann entfalten sie ihr ganzes nussiges Aroma.

Schokolade

Woran erkennt man gute Schokolade? An ihrer seidigen, matt glänzenden Oberfläche. Wenn man sie bricht, muss es schön knacken. Und natürlich am Geschmack, sie muss zart schmelzend im Mund zergehen.

Niemals Kuvertüre oder Pralinen im Kühlschrank lagern. Durch die Kälte bildet sich auf der Oberfläche ein Zuckerraureif. Der Zucker kristallisiert an der Oberseite und bildet dann eine gräuliche Schicht.

Zartbitterkuvertüre hält sich bei ca. 15 bis 18 Grad etwa ein Jahr. Milchschokolade kann man ca. neun Monate lagern.

Kuvertüre auflösen: Am besten funktioniert das im Wasserbad. Einfach in einen Topf ca. 4 cm hoch Wasser eingießen. Auf dem Herd erhitzen. Das Wasser darf nicht kochen. Auf den Topf eine Metallschüssel stellen. Es sollte dicht abschließen, damit kein Wasserdampf in die Kuvertüre kommt. Flüssigkeiten lassen die Kuvertüre dickflüssiger werden. Immer wieder umrühren, bis die Kuvertüre vollständig aufgelöst ist.

Temperieren von Kuvertüre

Das Temperieren von Kuvertüre ist nicht einfach und erfordert einige Übung. Auch der Fachmann hat manchmal so seine Schwierigkeiten dabei. Aber damit man ein schönes Ergebnis erzielen kann, ist es unerlässlich, die Schokolade vorzukristallisieren, wie der Konditor es nennt. Eine richtig behandelte Kuvertüre hat einen seidigen matten Glanz, keine Streifen und auch keine Flecken. Damit Ihre Schokolade auch diesen schönen Glanz bekommt, müssen Sie nur Folgendes beachten:

Die gehackte Kuvertüre wird in einem Wasserbad aufgelöst. Das Wasser sollte nicht kochen, damit eine Dampfbildung vermieden wird. Wassertemperatur zwischen 60 und 80° C.

Impfmethode

Wenn die Kuvertüre vollständig aufgelöst ist (ca. 40° C), mischt man 2/3 aufgelöste Kuvertüre mit 1/3 fein gehackter Kuvertüre. Hierdurch sollte die Kuvertüre eine Temperatur von unter 27° C erreichen. Nun muss die Kuvertüre durch Anwärmen wieder auf die gewünschte Verarbeitungstemperatur (30-32° C) gebracht werden.

Tabliermethode

1/3 der aufgelösten Kuvertüre wird auf einem Weißblech mit einer Palette immer wieder ausgestrichen und zusammengenommen, bis sie eine wachsweiche Konsistenz bekommen hat. Nun mit der restlichen Kuvertüre mischen und auf die gewünschte Verarbeitungstemperatur bringen.

Temperieren in der Mikrowelle

Kleingehackte Kuvertüre in einen mikrowellenbeständigen Plastik- oder Glasbehälter geben. Diese nun bei 800-1000 W in der Mikrowelle schmelzen. Alle 15 bis 20 Sekunden die Kuvertüre aus der Mikrowelle nehmen und gut durchrühren, damit sich die Temperatur der Kuvertürebrocken gleichmäßig verteilt und sie nicht anbrennt oder stockt. Nun diesen Vorgang so lange wiederholen, bis sich die Schokolade fast vollständig aufgelöst hat. Es sollten noch ein paar kleine Bröckchen in der flüssigen Kuvertüre sein. Gründlich durchrühren, damit sich die letzten Teile auflösen. Diese Methode ist sehr schnell und ideal, um kleinere Mengen Kuvertüre zu temperieren.

Eine kleine Kontrolle durchführen

Um festzustellen, ob die Kuvertüre richtig temperiert ist, gibt man ein wenig Schokolade auf eine Messerspitze und lässt diese anziehen. Eine perfekt temperierte Kuvertüre muss bei einer Raumtemperatur von 17-20° C nach etwa 3 Minuten vollständig erhärtet sein und einen schönen matten Glanz haben. Wenn dies nicht der Fall ist, dann müssen Sie noch einmal temperieren.

Die idealen Verarbeitungstemperaturen von Kuvertüren:

dunkle Kuvertüre:	ca. 32° C
Milchkuvertüre:	ca. 31° C
weiße Kuvertüre:	ca. 30° C
Raumtemperatur:	ca. 20° C

Nach einiger Zeit dickt die Kuvertüre plötzlich sehr schnell ein. Der Fachmann nennt dies Überkristallisierung. Bei einer zu dickflüssigen Kuvertüre ist das Endprodukt weniger glänzend und hat eine schwache Konsistenz. Der Überzug wird zu dick, und die kleinen Luftblasen verschwinden nicht mehr aus der Masse. In diesem Falle einfach die Temperatur der Kuvertüre leicht erhöhen. Entweder kurz erhitzen oder geschmolzene Schokolade zufügen. Hierbei nicht zu hastig vorgehen, damit die Masse nicht zu stark erwärmt wird. Wichtig hierbei ist, die Kuvertüre gut und gleichmäßig zu verrühren.